FATO GERADOR DA OBRIGAÇÃO TRIBUTÁRIA

CIP-BRASIL. CATALOGAÇÃO NA PUBLICAÇÃO
SINDICATO NACIONAL DOS EDITORES DE LIVROS, RJ

F163f
8. ed.

Falcão, Amilcar de Araújo, 1928-1967
Fato gerador da obrigação tributária / Amilcar de Araújo Falcão ; [editor Tatiana Falcão].
- 8. ed., rev. e atual. - São Paulo : Noeses, 2024.

178 p. ; 23 cm.
Inclui bibliografia
ISBN 978-85-8310-198-7

1. Direito tributário - Brasil. 2. Obrigação tributária - Brasil. I. Falcão, Tatiana. II. Título.

24-92171 CDU: 34:336.22(81)

Gabriela Faray Ferreira Lopes - Bibliotecária - CRB-7/6643

AMILCAR DE ARAÚJO FALCÃO

FATO GERADOR DA OBRIGAÇÃO TRIBUTÁRIA

8ª edição revista e atualizada por Tatiana Falcão

2024

editora e livraria
NOESES

Copyright © Editora Noeses 2024
Fundador e Editor-chefe: Paulo de Barros Carvalho
Gerente de Produção Editorial: Rosangela Santos
Arte e Diagramação: Renato Castro
Revisão e Pesquisa: Georgia Evelyn Franco
Designer de Capa: Aliá3 - Marcos Duarte

2024

editora e livraria
NOESES

Editora Noeses Ltda.
Tel/fax: 55 11 3666 6055
www.editoranoeses.com.br

À Lúcia, minha mulher, sem cujo apoio e esclarecida colaboração
este trabalho não teria sido escrito.

SOBRE A 8ª EDIÇÃO

Atendendo à insistente procura do meio acadêmico, a Editora Noeses publica a 8ª edição da obra *Fato Gerador da Obrigação Tributária*, de autoria do eminente e saudoso Professor Amílcar de Araujo Falcão.

O texto, manifestado em linguagem direta e suficientemente clara, tornou-se leitura obrigatória para todos que operam nos domínios do Direito Tributário, mantidas as notas das edições passadas, sempre nos rodapés, para não descaracterizar a obra.

Os trabalhos de atualização, desta vez, couberam à neta do Autor – Dra. Tatiana Falcão –, mediante notas que estão devidamente identificadas.

Quanto às referências à *Reforma Tributária*, segundo o teor da Emenda Constitucional nº 132/2023, na expectativa da legislação complementar a que aludem seus mandamentos, foram acrescentadas as observações correspondentes aos primeiros momentos de sua implantação.

Boa leitura e excelente compreensão aos que dirigirem seu interesse intelectual ao conteúdo desta obra, expressão valiosa da linha tradicional da doutrina jurídica brasileira.

Editora Noeses Ltda.

ALGUMAS PALAVRAS

É dinâmica e complexa a formação do conhecimento! A semiologia dos conceitos nada diz sobre o tempo necessário para que as ideias apareçam, adquiram consistência, consolidem-se e fiquem prontas para as associações profícuas, abrindo espaço às possibilidades críticas, entrando, desse modo, no jogo maior das oscilações semânticas. Sabe-se, porém, que tudo isso acontece, cabendo à Gramática Histórica surpreender esses momentos culminantes, tão decisivos para a evolução da cultura. Começo por este ponto. A expressão *fato gerador* já havia conquistado posição no quadro terminológico da Ciência das Finanças e do Direito Financeiro, enquanto adolescia o Direito Tributário. Identifica-se até o tempo em que a expressão, utilizada por Gastón Gèze em publicação da Revista de Direito Administrativo n. 2, foi empregada aqui no Brasil com o impacto que as construções fortes costumam suscitar. O advento acendeu logo no espírito dos estudiosos um feixe de noções, todas próximas e concorrentes, que já anunciavam o papel relevante que o conceito haveria de cumprir na comunicação jurídico-tributária brasileira. Quero fazer notar, porém, que desse registro à construção de sentido correspondente ao suporte físico existente, vai uma distância por vezes considerável. E coube precisamente a Amilcar de Araújo Falcão estabilizar a ideia, consolidando-a de forma incisiva para outorgar-lhe uma significação que fizesse jus ao vigor de sua sonoridade e à energia da sua presença na estrutura frásica. Eis um esforço talvez inconsciente, mas sem o qual a expressão permaneceria pobre, vazia de conteúdo, inadequada para contribuir, como de fato veio a ocorrer, para o desenvolvimento dos estudos tributários no país. Sem medo de cometer excessos posso afirmar que foi da pena do autor baiano que saíram as palavras mais ajustadas, os termos retoricamente mais eloquentes para conferir a estrutura e o porte significativo que até hoje a locução ostenta. Em páginas admiráveis, ofereceu os elementos semânticos que permitiram dar corpo à ideia de *fato gerador* da obrigação tributária. Tanto assim, que Giuliani Fonrouge, figura maior da doutrina jurídico-financeira e tributária da Argentina, naquele trato de tempo em que os estudiosos brasileiros eram poucos e os novos estavam apenas começando, não hesitou em traduzir para o espanhol o livro que ocupa agora nossa atenção.

É sempre difícil definir a combinatória de traços retóricos que fazem de um escrito qualquer um texto de elevada categoria. Mas, quando os juízos de valor chegam às fronteiras da unanimidade, o reconhecimento histórico torna-se inevitável.

Há algo também que deve ser lembrado: admitir o talento do autor, que soube dar tratamento semântico firme e consistente a uma locução altamente expressiva para a compreensão do fenômeno tributário, dista de representar a escolha do termo linguístico como significação adequada para indicar as situações da vida real que provocam o nascimento do liame jurídico do tributo. Tenho para mim, portanto, que as críticas de Alfredo Augusto Becker, Geraldo Ataliba, Roque Carrazza, e as minhas próprias ao uso da expressão continuam de pé, fortalecidas pela experiência e enriquecidas com os novos argumentos que não cessam de ser produzidos. Aliás, é bom insistir que tais anotações críticas somente foram possíveis porque alguém, como Amilcar de Araújo Falcão, conseguiu expor e transmitir a doutrina do *fato gerador* com tamanha elevação e transparência comunicativa.

Concluo essas "breves" palavras chamando a atenção do leitor para um dado que valoriza ainda mais esta obra. Não fora a importância histórica do livro, tudo o que ele representa para o desenvolvimento do Direito Tributário no Brasil e no exterior; e os textos que foram sendo agregados a título de apresentação ou de prefácio fazem deste volume um conjunto sobremodo precioso para recolher impressões, anotações, análises e observações críticas a respeito da figura exponencial de Amilcar de Araújo Falcão. São depoimentos valiosos de personalidades como Aliomar Baleeiro, Rubens Gomes de Sousa, Geraldo Ataliba e José Souto Maior Borges que, certa- mente, contribuirão muito para o conhecimento de dados sobre a subjetividade do autor, de sua formação cultural, passagens de sua carreira jurídica e, sobretudo, do talento e dos dotes intelectuais tão proclamados pelos que mantiveram com ele relacionamento de maior proximidade. Em termos semióticos, essas mensagens paratextuais funcionam como epitexto, isto é, segmentos formulados originariamente no exterior do texto, mas que acrescentam proposições de enorme valia para a compreensão da pessoa e do próprio conteúdo da obra.

Reduzindo à expressão mais simples, o vulto deste trabalho abriga três instâncias distintas, mas devidamente articuladas, a saber: i) uma sistematização da categoria *fato gerador*, feita com mão de mestre; ii) a configuração da plataforma fundamental que permitiu à doutrina subsequente um avanço extraordinário na investigação e no estudo do fenômeno jurídico da incidência tributária e; iii) o mencionado conjunto de mensagens paratextuais (epitexto), que enobrecem o escrito original, rendendo ensejo a reflexões inovadoras.

Em meu nome e da Editora Noeses, agradeço a gentile- za especial de sua filha Ana Lúcia Falcão, deixando assinaladas a satisfação e a honra de poder colaborar para a difusão de obra tão significativa.

São Paulo, 02 de dezembro de 2012

Paulo de Barros Carvalho

PREFÁCIO

I – Circunstâncias que cercam o aparecimento deste livro e suas injunções

Ao retomar a leitura desta obra, recordo o texto de MARCEL PROUST, no frontispício do livro de EDUARDO FRIEIRO (*Os Livros Nossos Amigos*, 2ª ed., Editora "O Pensa- mento", SP, 1957): "La lecture est une amitié" (A leitura é uma amizade). É assim que eu o vejo. Recorro, neste passo, à sintética lição de HEIDEGGER: "Nossa língua nomeia, por exemplo, o que pertence à essência do amigo: o amável" (*Qu'apelle-t-on-penser?*, P.U.F., 1959, p. 22). Este livro é como um amigo fiel. Cada vez que nos debruçamos sobre ele, descobrimos aspectos novos, até então inapercebidos. E saímos enriquecidos pela sua leitura, porque aprendemos a superar o "preconceito cronólatra", que pretende em equívoco ser o moderno sempre superior ao passado. A primeira edição deste livro se deu em 1964. E, no entanto, como ele supera em qualidade e densidade teóricas certas construções de juristas modernos!

AMILCAR FALCÃO foi, ao seu tempo, um dos maiores juristas brasileiros dedicados ao direito tributário. Os que tiveram a ventura de conhecê-lo, acentuam as suas qualidades na convivência pessoal, sua modéstia e dignidade. Sua obra mais importante é decerto este ensaio que temos a honra e o prazer de apresentar nesta edição.

As críticas à nomenclatura "fato gerador" são meramente terminológicas. Aponta-se – e o autor é o primeiro a reconhecê-lo – uma certa impropriedade nessa terminologia. Porém, AMILCAR FALCÃO já estava advertido dela e ponderou com acerto: "Não é o fato gerador quem cria, quem, digamos assim, gera a obrigação tributária. A fonte de tal obrigação, a energia ou força que a cria ou gera, é a própria lei". Estava ele, portanto, advertido plenamente das limitações conceituais da terminologia adotada. E, por seu turno, RUBENS GOMES DE SOUSA, antecipou-se às objeções: advertia ele que seria talvez procedente uma objeção de caráter terminológico contra a expressão "fato gerador", porquanto ela dá a ideia que tal fato é necessário e suficiente para gerar a obrigação, quando ele não é suficiente para tanto. O fato gerador é, dizemos nós, em busca de maior clareza: condição *necessária*, não porém *suficiente* porque depende da previsão legal a instauração do vínculo obrigacional tributário. Sem lei *mais* fato gerador, nenhuma obrigação tributária se instaura.

De todas, porém, a crítica mais acerba é a do ALFREDO AUGUSTO BECKER, um renovador dos estudos de direito tributário no Brasil, que já acolhia, em caráter pioneiro, a distinção entre a "hipótese-de-incidência", uma entidade normativa e fato tributável, uma entidade concreta, i.é, o fato que, acontecido, e quando acontecido, instaura a obrigação tributária (cf., *Teoria Geral do Direito Tributário*, 1ª ed., Saraiva, São Paulo, 1963). É, porém, demasiado radical a sua crítica: pretende ele que "fato gerador" não gera coisa alguma, além de confusão intelectual (textual, p. 288). Mas essa crítica terminológica, improcedente nos termos expostos, não desmerece outros pontos da obra do Mestre gaúcho, justamente reconhecido e admirado como um pioneiro e desbravador. O erro, venho salientando, não é hóspede indesejável das teorias, agravo na vida do espírito, mas uma contingência inevitável do falível saber humano. Identificar erro é aproximar-se da verdade (v., em nosso *Ciência Feliz*, o ensaio *Apologia do erro*). Não será por outra razão que, em ciência, paradoxalmente, só o provisório é definitivo.

A excelência teórica desta obra fala por si mesma. Não só ela teve várias edições em vernáculo, como foi traduzida para o espanhol por GIULIANI FONROUGE (*El Hecho Generador de la Obligación Tributaria*, Depalma, Buenos Aires, 1964). Essa tradução, que demonstra o apreço pelo livro na doutrina estrangeira mais qualificada, é também um atestado de sua excelência teórica.

Esta obra é um convite à heterodoxia do pensamento. "Se queres seguir-me não me sigas" (NIETZSCHE). Cada um deve, portanto escolher, o seu próprio caminho do pensar. Nenhum lugar está reservado aí para satelitização da inteligência; i.é., gravitar o estudioso em torno do pensar alheio; para o autoelogio, ou seja, o enaltecimento das virtudes excelsas de si mesmo; para as famosas "corporações de elogios mútuos"; ou para a acomodação do especialista em doutrina – convencional e repetitiva – nos limites acanhados de uma especialização teórica. Pensar, no âmbito restrito de uma especialização, como o direito tributário, já é limitar o conhecimento teórico. Deve então o assim denominado especialista sair provisoriamente do seu âmbito de especialização; frequentar a filosofia, lógica e, sobretudo, a epistemologia para retornar posteriormente ao tema jurídico. E por que não revisitar a poesia, numa "festa de amizade"? No fundo, essas recomendações correspondem a uma regra metodológica. Um compromisso solene com a profundidade teórica.

II – Consistência jurídica do fato gerador da obrigação tributária

Neste livro, AMILCAR FALCÃO se dedica apenas ao estudo do "fato gerador", terminologia consagrada na época em que foi escrito, e circunscreve o seu campo de investigação ao fato jurídico tributário, i. é, o fato concretamente acontecido, aqui-e-agora, abstraindo qualquer contraposição dessa categoria à sua previsão em hipótese de incidência tributária e por isso foi criticado, sem razão, como uma concepção monista, indevidamente aglutinadora de entidades jurídicas diversas. Por que não têm razão, no entanto, os que assim pensam? Criticar uma obra pelo corte conceitual nela empreendido, invocando e pretextando omissão da temática por ela desconsiderada, é introduzir inapercebidamente na discussão o vício lógico da "regressão ao infinito" (*regressus ad infinitum*). Assim como um tema qualquer indicado na objeção deixou de ser enfrentado numa determinada obra, numerosíssimos – inumeráveis outros – tampouco foram abordados. Uma universalidade numérica de omissões expositivas. Nenhuma obra escapa de uma objeção dessas e, portanto, revela-se por essa via o seu caráter *ad hoc*. Assim imunizada, a crítica não consegue submeter-se à falseabilidade, critério decisivo apontado por POPPER para caracterizar as proposições científicas. Ou é falseável a proposição, ou científica não será.

AMILCAR FALCÃO apenas abstrai, exceto algumas referências tópicas ao longo dos seus textos, o pressuposto legal do tributo, em si mesmo considerado, sua previsão em lei. A crítica, equivocada sob esse aspecto, equipara-se a mera impugnação implícita e inadvertida de uma seleção temática: o "fato gerador da obrigação tributária". Esquece, essa crítica, apressada e superficial, a lição fundamental de VILÉM FLUSSER: "Abstrair é subtrair". Este ensaio, por abstraí-la, não nega a relevância do estudo da hipótese legal de incidência do tributo, que, na insuperada lição de HENSEL, é como uma imagem abstrata do concreto estado das coisas. Mas essa abordagem distinta e autônoma do fenômeno tributário não entrava em linha de conta na época em que a obra de AMILCAR FALCÃO foi escrita. A interpretação histórica revela claramente esse condicionamento doutrinário no espaço-tempo. É necessário, pois, dar o passo atrás, a mirada retrospectiva, para entender, sem as deformações que lhe imprimem as concepções modernas, o que este estudo objetiva definir: o fato gerador da obrigação tributária – e nada mais. Impõe-se, em suma, uma *hermenêutica histórica*.

Como o autor nos ensina a concluir: "o fato gerador é, pois, o fato, ou conjunto de fatos ou o estado de fato, a que o legislador vincula o nascimento da obrigação de pagar um tributo determinado". Se abstraídas as críticas terminológicas, esta conclusão é perfeita: o fato gerador é, em síntese, o que a doutrina moderna nomeia, aí com toda razão, como *fato jurídico tributário*, um fato que suporta a incidência de normas tributárias obrigacionais. O nascimento da obrigação é claramente indicado em sua vinculação legal. Fato gerador ou, quando se prefira, fato jurídico tributário, é, como adverte corretamente o autor, "um fato econômico de relevância jurídica". Numa visão dualista, o econômico é a matéria do tributo; a relevância jurídica, sua roupagem formal. O mesmo seria dizer: o fato gerador é fato jurídico de relevância econômica.

A distinção entre o pressuposto legal do tributo e sua determinação concreta eclodiria mais tarde e como temática central, no livro de GERALDO ATALIBA, *Hipótese de Incidência Tributária*, cuja 1ª edição data de 1973, e foi sucessivamente reeditado. Muito poderia falar-se sobre esta obra capital, um marco nos estudos jurídicos do tributo. Destaco, porém, trecho do semiprefácio, que eu mesmo escrevi, incorporado como introdução ao pensamento do Mestre paulista: "O progresso que decorre desta monografia básica está representado pela distinção conceitual entre hipótese de incidência do tributo e o fato material concretamente ocorrido em correspondência com o desenho legalmente traçado".

Tampouco essa terminologia "fato imponível" é imune à crítica. Ela ingressou e fez fortuna no direito brasileiro pela obra de DINO JARACH (*El Hecho Imponible*). Este exemplo demonstra, como poucos, a necessidade de não serem importadas categorias de direito estrangeiro, sem um *teste de referibilidade* – tal como vimos preconizando – ao direito nacional. É metalinguagem (a doutrina estrangeira) vertida sobre outra linguagem (a doutrina nacional), que a apropria antes de sua aplicação ao direito positivo brasileiro. E, pois, metalinguagem de 2º grau. E o teste de inserção no direito positivo dessa terminologia ("imponível"), que se pretende agregar ao fato tributável, comprova seu desacerto. "Imponível" etimologicamente deriva de *impositus*, imposto (espécie) e não de *tributum*, tributo no vernáculo (gênero). No direito brasileiro, o tributo é categoria genérica, que envolve impostos, taxas, contribuições, inclusive a de melhoria, e empréstimos compulsórios (tributos restituíveis). Por esse caminho, desvela-se o originariamente velado e oculto pelo equívoco doutrinário. O fato é na verdade *tributável* (o gênero) e não restritamente "imponível" (a espécie, o imposto). O erro está aí claramente em recorrer à espécie para caracterizar o gênero, em metonímia invertida. Melhor dir-se-ia talvez: dá-se, nesse ponto, uma impropriedade terminológica. No entanto, a doutrina do direito tributário se compraz em recorrer a essa terminologia equivocada, como se fora a quintessência da excelência teórica. Ignorando até a origem etimológica dos vocábulos por ela manipulados.

III – Presença de Amilcar Falcão por meio de sua obra

As manifestações entusiasmadas de GERALDO ATALIBA, não sem motivo, enaltecem os aspectos estéticos desta obra, que ele considerou "a mais bela de AMILCAR FALCÃO". Esta consideração sobre o valor estético deste livro, não deve passar desapercebida. Até porque o impensado na doutrina, como os valores estéticos, é o mais digno de ser questionado. Quem acentuou e enalteceu a simplicidade expositiva desta obra? E, no entanto, a simplicidade não é um adorno que se colocou em apêndice no estilo de alguém. É um valor epistemológico fundamental. Não se opõe ao complexo, mas ao complicado. Ao estilo que se perde no emaranhado da própria exposição, desmesuradamente rebuscada.

Esta obra é um legado doutrinário de alto valor, do qual somos herdeiros e beneficiários. Marcante a sua influência na doutrina subsequente. Sem o que ele pensou, em direito tributário, não teríamos atingido o patamar teórico de que hoje desfrutamos. Nem sempre, porém, a doutrina moderna se coloca à altura da nossa herança teórica. Nem tudo que se publica hoje avança, conservando com vantagem teórica, inovadoras construções deste ensaio. Daí decorre uma certa estagnação teórica. Porque a ciência se nutre de novas ideias e descobertas. Opõe-se portanto ao imobilismo teórico.

A cultura científica é o produto de um saber ascendente e cumulativo no tempo e no espaço. Recordo a lição de HEIDEGGER sobre o fenômeno da acumulação do pensamento. Quando se está diante do que um pensador pensou, deve-se sobretudo pensar o que nele restou impensado. É a maior homenagem, o tributo maior ao pensador. Ato de fidelidade ao próprio pensamento. AMILCAR FALCÃO não estudou a "hipótese de incidência" com a dimensão expositiva a que ele se entregou no estudo do "fato gerador". O impensado em AMILCAR FALCÃO foi pensado em GERALDO ATALIBA. Mas, a doutrina posterior deve levar criticamente avante a distinção deste último entre hipótese de incidência e fato imponível. É mesmo dever incontornável seu, que o estudioso assim proceda. O conhecimento científico repudia as repetições teóricas, obras distintas apenas pelo estilo de cada autor; um repete o outro, sem preocupação de originalidade.

Já estamos longe do tempo em que foi escrito o já mencionado *El Hecho Imponible*, do professor italiano DINO JARACH, que viveu parte da sua vida na Argentina e tanto influenciou a doutrina brasileira. Mas as reiteradas menções doutrinárias atuais ao "fato imponível", terminologia consagrada, nada mais representam do que a monotonia do equívoco generalizado. Tributo e imposto são categorias de direito positivo. Transposta para o campo do direito brasileiro, essa terminologia induziu ao equívoco geral.

Persiste válida a lição de AMILCAR FALCÃO: o fato gerador consiste num fato jurídico *stricto sensu*. Não é, este outro, um corifeu do fato econômico, porque uma coisa é salientar no fato gerador a sua consistência econômica, ela própria, critério de uma especificação do fato tributável no campo jurídico, pelo recurso ao âmbito material de análise. A conviver este com a forma jurídica, ou seja, a caracterização legal dessa categoria fundamental no campo tributário.

Na doutrina do direito tributário, como em geral na vida do espírito, nada se perdeu e tudo foi conservado. A tradição é um elo na corrente doutrinária dos estudos sobre o tributo. Sem tradição e sua conservação, é impossível o progresso, i. é, o saber acumulativo de que se nutre a ciência em geral. No entrechoque moderno das opiniões teóricas não se tem, porém e no geral, consciência desse condicionamento histórico. Os filósofos pré-socráticos, entre outras lições, nos ensinaram que a opinião (*doxa*) reina sobre tudo. Esta lição é válida até hoje.

Cada uma das etapas na evolução cultural da humanidade representa um caminho percorrido e, mais que isso, um passo dado ou um marco no processo evolutivo do conhecimento, com a licença desta linguagem metafórica. Sem as vicissitudes, marchas e contramarchas desses passos, não teríamos atingido o estágio atual de desenvolvimento da ciência e das artes, inclusive a arte jurídica: dar a cada um o seu (*suum cuique tribuere*). Se quisermos entretanto radicalizar a perspectiva de retorno ao passado, revisitando as suas origens mais remotas nas artes gráficas, teremos consciência de que, sem o embrionário do inicial, no saber teórico ou tecnológico, não teria sido possível a sua evolução. Como nos ensina a sabedoria anônima: "Toda palavra impressa é um monumento a Gutenberg". Essas palavras, permeadas de emoção, soam ao nosso ouvido moderno como o eco distante de uma litania, que em tudo e por tudo nos concerne. Devemos permanecer atentos em sua escuta com unção quase religiosa.

O dito sobre a evolução da cultura vale também para a informática, com o seu espaço virtual, o ciberespaço, realidade cibernética e para os modernos procedimentos de digitalização de textos e os computadores de alta definição em sua capacidade de armazenamento de dados. Todos esses expressam um fenômeno de ruptura com as artes gráficas, mas também de sua continuidade. Sem a era da imprensa, não haveria a era da informática. É a expansão tecnológica, o domínio planetário da técnica.

AMILCAR DE ARAUJO FALCÃO não foi contemporâneo dos primeiros passos da doutrina do direito tributário. Sua obra surgiu pouco depois dos estudos fundamentais de ALIOMAR BALEEIRO, RUBENS GOMES DE SOUSA (o codificador), GILBERTO DE ULHOA CANTO e alguns outros. É relativamente mais recente e portanto está mais rente ao que a doutrina moderna foi possível alcançar. Nada mais atual do que as injunções do passado. Nada convoca mais intensamente o pensamento jurídico dedicado ao direito tributário. O impensado é a terra natal do pensamento. O lugar onde o pensar em profundidade deve eclodir, como numa clareira iluminada.

AMILCAR FALCÃO um "adormecido", na bela metáfora de HÖLDERLIN, é um ausente-presente a inspirar-nos pelos caminhos da dignidade expositiva e autenticidade teóricas. Desaparecido aos 39 anos, é um dos eleitos da morte precoce, a que se referia RILKE, o poeta angélico. O prematuro de sua ausência deixa em nós um sentimento de frustração. Imaginamos o que teria ele produzido, se o seu ciclo vital tivesse se ampliado até a duração média da vida de sua própria geração. Mas o que dele restou publicado deve ser, ainda assim, objeto de meditação séria e profunda, único modo de permanecer fiel à sua memória. E só assim nos convertermos, nós próprios, em zeloso memorial do que antes de nosso tempo histórico foi pensado.

Ao concluir esta breve apresentação, que a rigor este livro dispensa, retomo à consideração, para mim muito cara, que pensar é mais que uma comemoração pensante, memória e recordação (*Denken ist andenken*), porque pensar é sobretudo agradecer (*Denken ist danken*), como, em páginas memoráveis, advertiu o Filósofo da Floresta Negra. Agradecer pois o legado de AMILCAR FALCÃO, mas também à jovem editora *Noeses*, sob a liderança e inspiração erudita de PAULO DE BARROS CARVALHO, sem a qual esta iniciativa não poderia ter prosperado.

Recife, Natal de 2010 / janeiro de 2011

José Souto Maior Borges

APRESENTAÇÃO

O prematuro desaparecimento de Amilcar de Araújo Falcão foi um golpe doloroso para os que desfrutaram de seu convívio e uma perda irremediável para o nosso mundo jurídico.

Muito moço ainda, já conquistara um lugar de prestígio e saliência entre os estudiosos do Direito Público, no Brasil.

É inestimável a contribuição que trouxe ao incremento dos estudos científicos do Direito Público – especialmente o Tributário – entre nós.

Este livro, de há muito esgotado e que encerra produção das mais consistentes da nossa literatura no setor, é a mais bela obra do eminente – embora jovem professor – das mais prestigiosas Faculdades de Direito da Guanabara. Amilcar de Araújo Falcão costumava referir-se a ele como a um filho – "um filho dileto"; "um filho que contemplo com agrado", são suas referências textuais.

Efetivamente, o *Fato Gerador da Obrigação Tributária* é a mais autêntica expressão do espírito científico de seu autor, do seu senso didático e expositivo e de sua extraordinária cultura jurídica, por todos reconhecida e proclamada. Marcou época e fixou conceitos de forma definitiva. É um livro do qual se pode dizer que exerceu influência decisiva na doutrina que apareceu subsequentemente.

A tradução para o espanhol, feita por Giuliani Fonrouge, é o atestado mais eloquente do elevado grau de elaboração doutrinária alcançado por seu autor. É que no mundo de língua espanhola se tem fácil acesso – graças à amplitude de seu mercado livreiro – às melhores obras traduzidas, de toda a literatura científica internacional.

Pois, nesse mercado, tão altamente competitivo e bem abastecido, ao contrário do nosso, nesse meio exigente e sofisticado, este livro de Amilcar de Araújo Falcão encontrou a melhor e mais consagradora acolhida, o que se constitui em lisonja ao Brasil, mais do que motivo de orgulho para seu autor, admirado por suas virtudes de modéstia e sobriedade.

Tendo se esgotado aqui este livro, de há muito se impunha uma segunda edição.

A Editora Revista dos Tribunais, que edita a *Revista de Direito Público* – da qual Amilcar foi um dos grandes inspiradores e animadores – incumbiu-nos de obter junto aos titulares dos direitos autorais, a necessária licença para lançar esta edição, cujos resultados financeiros reverterão em benefício de seus filhos.

Esta nova edição irá permitir melhor divulgação das lições do saudoso tributarista e colocar ao alcance de todos os estudiosos e interessados o que de melhor tem o Brasil produzido neste setor, crescentemente importante, do Direito Público, que é o Tributário.

Maior colaboração não poderia a Editora Revista dos Tribunais oferecer aos nossos tributaristas e interessados, em geral, do que promover esta divulgação, tão necessária e oportuna.

Fizemos no texto as adaptações que as alterações constitucionais e legais ulteriores à primeira edição impuseram. Limitamo-nos – quando oportuno – a alterar as numerações de artigos da Constituição, já de acordo com o texto da Emenda Constitucional n. 1, de 1969. Assinalamos os casos de supressões e acréscimos também das leis citadas. Mantivemos as observações superadas pelo desaparecimento de certos institutos ou questões, a fim de preservar tanto quanto possível integralmente o texto original.

A revisão do texto e as retificações supletivas – e não corretivas – foram feitas com todo o respeito que nossa admiração por Amilcar Falcão nos inspira e com o carinho que as saudades do mestre impõem.

Convidamos a prefaciarem esta edição os eminentes Professores Aliomar Baleeiro, figura exponencial do Direito Financeiro, conterrâneo e professor de Amilcar Falcão, e Rubens Gomes de Sousa, pioneiro, líder e mestre da ciência a que se dedicou o autor não só pela admiração que Amilcar Falcão lhes dedicava, como para salientar a grande significação deste lançamento.

Assim homenageamos a imorredoura memória de Amilcar e testemunhamos seus elevados méritos de doutrinador, expositor e mestre do Direito Tributário.

Em 1971

Geraldo Ataliba

PREFÁCIO

- I -

Aí pelo fim da guerra, 1944 a 1945 –quando Amilcar de Araújo Falcão fez os exames vestibulares na Faculdade de Direito da Universidade da Bahia e foi o primeiro classificado em sua turma–, o Direito Fiscal passara a ocupar a atenção dos estudiosos.

Desde 1943, o programa de Ciência das Finanças, na Faculdade da Bahia, consagrava cerca de meia dúzia de aulas ao Direito Tributário – noções de fato gerador, obrigação tributária, solidariedade etc. Nesse mesmo ano, a representação baiana no Congresso Jurídico comemorativo do centenário do Instituto dos Advogados Brasileiros, reunido no Rio, apresentara uma tese em defesa da autonomia do Direito Financeiro e propusera a sua codificação.

Ainda em 1942, *Forum* – a revista do Instituto dos Advogados da Bahia –publicou um ensaio, para ela escrito especialmente por Giuliani Fonrouge, sobre as controvérsias e aspectos novos do Direito Tributário. Mais tarde a *Revista Forense* o reproduziu.

Nesse clima intelectual, um estudante de excepcionais dotes, como Falcão, seria atraído para a novidade do debate.

Empolgou-se pelo estudo do Direito Financeiro, em cujo campo advogou, logo após a formatura, no meio restrito da velha província.

Tendo vencido brilhantemente um concurso para Assistente Jurídico do Itamarati, transferiu-se para o Rio e filiou-se ao grupo que, na Universidade do Estado da Guanabara, se ocupava com aquele ramo jurídico.

Já como instrutor da cadeira de Finanças, concluiu o curso de doutorado em Direito Público.

A Faculdade de Direito dessa Universidade, a título experimental, criou um curso opcional de Direito Tributário, anexo à cátedra de Ciência das Finanças. Observado o interesse dos jovens pela disciplina, foi fundada a cátedra de Direito Fiscal para ela habilitando-se Amilcar Falcão em concurso excepcionalmente brilhante de livre-docente e, depois noutro, para catedrático. Viria a vencer também um concurso para idêntica disciplina na Universidade Federal do Rio. E o fez com a maior galhardia.

- II -

Desde cedo, Falcão, que era um trabalhador infatigável, divulgou os frutos de seus estudos e meditações. As revistas jurídicas publicaram artigos do jovem de menos de 30 anos que se revelava um conhecedor profundo da especialidade a que se dedicara. Escrevia em linguagem clara, correta e elegante, tornando agradável um assunto geralmente havido como insípido e inçado de *chinesices.*

Um a um, foram aparecendo seus livros. Seu conterrâneo e professor desde os 17 anos, tive o privilégio de sua amizade, em resultado da qual me distinguiu com a preferência para prefaciar *a Introdução ao Direito Tributário,* em 1959.

Havia sempre uma contribuição nova em cada um de seus volumes. Perfeitamente informado da doutrina alemã, italiana, suíça, argentina, enfim dos países onde o Direito Finan- ceiro lograra mais intenso cultivo, não era apenas um divulgador, mas um crítico que pensava sobre os problemas específicos do Direito Fiscal brasileiro, levantava dúvidas e as esclarecia.

Não conheço, por exemplo, melhor estudo do crédito público forçado do que sua monografia *Empréstimos Compulsórios,* sabido que é escassíssima a literatura europeia sobre esse instituto financeiro. Talvez não haja nada mais do que uma tese francesa já obsoleta.

Ainda não completara 40 anos e era já Amilcar Falcão autoridade dentre as mais acatadas no Direito Financeiro. Não só no Brasil, mas fora dele. Causara ótima impressão a amadurecidos professores, quando participou, bem jovem ainda, dos debates das Primeiras Jornadas de Direito Financeiro Americano, de 1956, em Montevidéu. Colaborou em revistas europeias, como as dirigidas na Itália pelo Prof. Morselli e na Espanha pelo Prof. Sáinz de Bujanda.

O grande mestre argentino Giuliani Fonrouge traduziu o *Fato Gerador,* prefaciando-o para a Editora Depalma.

Repentinamente, faleceu a 7 de janeiro de 1967, no Rio, aos 39 anos, desfalcando a cultura financeira do Brasil de um de seus valores mais altos em qualquer época.

- III -

Os livros de textos e os tratados de Direito Fiscal dedicaram e dedicam, desde o pós-guerra 1914-1918, várias páginas ao fato gerador, que o clássico Jean-Baptiste Say já caracterizava, sem batizá-lo, há quase século e meio.

Rareiam, entretanto, as monografias, das quais uma das mais populares na América Latina *El Hecho Imponible,* do consagrado professor italiano Dino Jarach, que há muitos anos reside na Argentina.

Amilcar Falcão lançou-se à tarefa de repensar o assunto, numa pequena, documentada e valiosa monografia expositiva e, sobretudo, crítica de quanto escreveram seus antecessores na Europa e na América Latina, pois o assunto não atraiu a atenção dos financistas norte-americanos.

É, talvez, o estudo moderno mais completo sobre a matéria, que as divergências de opinião carregaram de brumas noutras plagas.

Prefaciando a tradução argentina, o mestre Giuliani Fonrouge acentua o núcleo do pensamento de Falcão, para quem, vinculado ao princípio da legalidade, o fato gerador consiste num fato jurídico em sentido estrito e não num ato negocial ou num negócio jurídico.

Com base embora em fato econômico, este último não adquire relevância por si mesmo e, daí, a afirmação de que corresponde a um fato jurídico de acentuada e primacial con sistência econômica. Acrescenta o mestre argentino: "El autor trata los problemas con rigor científico aun el supuesto de no compartir integralmente sus conceptos, forzoso es reconocer la seriedad de la argumentación jurídica, que aparece, por lo demás, sustentada con extensa y calificada bibliografia que aquél evidentemente domina".

Tal o autor e o livro que, em boa hora, a dedicação do jovem Prof. Geraldo Ataliba fez reeditar, prestando serviço inestimável à cultura fiscal brasileira.

Aliomar Baleeiro

AMILCAR DE ARAUJO FALCÃO: O HOMEM

Conheci Amilcar em 1956 em Montevidéu, no 1º Congresso Latino-Americano de Direito Tributário. Aliomar Baleeiro, então professor de finanças na velha Faculdade de Direito da Rua do Catete, o chamara da Bahia para o Rio, fizera dele seu assistente na cátedra, e então lhe proporcionava um primeiro contato com juristas de fora do Brasil. Alto, muito magro, franzino, já começando a ficar prematuramente calvo, Amilcar tinha o ar de um rapazinho imberbe, perdido no meio de gente grande e importante, cuja presença o constrangia, talvez mesmo o assustasse um pouco. Seu aspecto físico nunca mudou através dos anos, desgraçadamente tão poucos, que se iriam passar até aquele triste dia de Reis de 1967, em que Gilberto de Ulhoa Canto me telefonaria do Rio para dizer sem preâmbulos, como se dizem as coisas graves demais para qualquer comentário, "o Amilcar morreu".

Naquele congresso de Montevidéu participei de um incidente que relato sem pejo, antes com orgulho. Não porque imagine que dele tenha resultado a carreira de Amilcar: ela se imporia de qualquer forma, até mesmo (e creio que o foi) contra a vontade dele próprio. Mas porque talvez tenha contribuído para apressar-lhe o início: e apressá-la era importante quando o destino já então lhe reservara tão pouco tempo. As sessões do congresso se faziam no velho e nobre edifício da Faculdade de Derecho y Ciencias Sociales, no alto da Avenida 18 de Julho, bem em frente ao vetusto casarão onde outro homem sem par, Eduardo J. Couture, também, naquele mesmo ano de 1956, prematuramente subtraído às letras jurídicas e ao carinho dos amigos, tinha o seu escritório. Em todas elas, lá estava Amilcar, encolhido, quase escondido, na ponta da mesa, na mais modesta das cadeiras. Mas calado, tomando notas, industriosamente, como um aluno aplicado, como se tivesse o que aprender naquilo que ouvia.

E o meu desespero aumentava à medida que passavam os dias e o congresso chegava ao seu fim, porque me bastara – a qualquer um bastaria – uma conversa com ele para tomar-lhe o pulso. Até que um dia um delegado estrangeiro, abordando-me no corredor, inadvertidamente me mostrou que pensava que ele fosse um secretário da delegação brasileira: então senti que era preciso agir, ainda que fosse para lhe violentar a modéstia. Num intervalo das sessões, agarrei Amilcar pelo braço e levei-o para o Parque Rodó: e ali, debaixo das velhas árvores que honram a memória do primeiro pensador sul-americano, na bela esplanada que vai descendo suavemente até o mar, sentei-o num banco, plantei-me diante dele e trovejei: "Fale! Peça a palavra! Na próxima sessão discute-se um assunto que eu sei que você estudou especialmente, já no Brasil. Você leu a tese que vai ser debatida. Sei que você tem ideias a respeito e que as suas ideias são outras. Então? Você pretende continuar calado?!"

A reação de Amilcar foi quase de pânico. Esbugalhou os olhos, recuou, fisicamente, como se tivesse levado um soco no peito. "Mas eu, Professor?! (Ele me dizia "professor" com "p" maiúsculo). Eu falar numa reunião de mestres?" Estive a ponto de dizer-lhe que se ele não pedisse a palavra, eu a pediria por ele; mas me contive: naqueles poucos dias, eu já conhecera bastante Amilcar para saber que ele era da fibra dos homens que não se tratam com ameaças, mesmo bem intencionadas. Voltamos para a sala de sessões; quem presidia era Valdês Costa; terminada a exposição da tese, nem olhei para Amilcar e disse: "Senhor Presidente sei que o nosso colega Dr. Araújo Falcão tem estudado esta matéria e creio que esta assembleia haveria de gostar de ouvi-lo." A extrema agudeza de Valdês, sem qualquer aviso prévio, o fez compreender imediatamente a situação e a minha quebra dos protocolos acadêmicos; olhou para Amilcar – que parecia ter diminuído na cadeira –olhou para mim, fez-me um leve sorriso de cumplicidade, e disse, firme: "Tem a palavra o Dr. Araújo Falcão, do Brasil."

A fidalga simpatia de Valdes Costa fez soar a frase como um pedido, mas o tom era peremptório; era a ordem que ele percebera de pronto ser necessária. Amilcar levantou-se; apoiou-se à mesa, meio mal seguro nas pernas; começou titubeante; à medida que falava, foi percebendo a assistência presa às suas palavras; discorreu, como sempre depois o ouvi discorrer, claro, direto, lúcido, sem jamais erguer a voz, sem um momento de ênfase, com a simplicidade da convicção e do domínio do assunto, sem uma palavra de mais, sem uma palavra a menos. Quando se sentou, o protocolo acadêmico foi outra vez quebrado: os aplausos que irromperam não eram palmas de cortesia; eram o reconhecimento espontâneo, da- queles que Amilcar chamara "os mestres", de que um novo mestre havia surgido entre eles.

As contingências da vida nunca permitiram que Amilcar e eu nos víssemos tanto quanto eu desejava. Mas a amizade entre nós foi uma dessas de eleição, infelizmente tão poucas, por isso mesmo tão valiosas, que brotam com a espontaneidade das coisas preordenadas, que se alimentam de si mesmas, que estão *in rerum natura,* como o sol de madrugada, como as folhas nas árvores, como a chuva sobre a terra, sem que seja preciso pensar nelas, sem que ocorra sequer raciociná-las. Sempre que voltávamos a nos encontrar, às vezes depois de meses, a nossa conversa não começava, continuava como se tivesse ficado interrompida na véspera. Nessas conversas, nunca ouvi dele uma crítica a algo ou a alguém, uma palavra de enfado, uma atitude mental que não fosse a busca do lado bom das pessoas ou das coisas. "Busca" não é a palavra certa: o lado bom das pessoas e das coisas era o que lhe ocorria naturalmente; mais: era, creio eu, o único que ele enxergava. Tenho disto um exemplo, de certa forma curioso, mas que ilustra bem o que digo porque não é só meu, mas de todo o pequeno grupo dos seus amigos. Pequeno, porque Amilcar, que não se negava a ninguém, tinha a elegância intelectual de dar-se a poucos; e um dos tesouros que guardo através da vida é o ter sido um desses poucos.

Amilcar tinha o hábito, meticuloso e ordenado, não pelo que eu chamaria de "espírito de amanuense", mas porque em tudo ele sabia encontrar um valor, de fazer um arquivo de todos os concursos a que se submeteu (e venceu). Para isso, nas provas orais, de defesa de tese ou didáticas, ele levava um pequeno gravador de pilha que registrava não só as suas respostas, mas também o que diziam os arguidores e os concorrentes. Muitas vezes nos reunimos, quatro ou cinco amigos chegados, para ouvir essas gravações: esporte a que ele acedia, creio eu, com alguma relutância, para satisfazer o desejo das visitas, mas porque sabia que essas sessões – principalmente depois do segundo *whisky* – derivavam para o comentário irreverente e a pilhéria, naturalmente as expensas dos outros concorrentes e sobretudo – é claro! – da banca examinadora. Disso ele nunca participava: mantinha-se quieto, com um sorriso meio encabulado, e depois objetava, no seu tom manso e calmo, contra as críticas e as gozações, defendendo os seus opositores ao ponto de, muitas vezes, criticar seus próprios argumentos. Não que lhe faltasse senso de humor, mas o seu feitio era tal que só entendia o humor à sua própria custa, e jamais à custa alheia.

A humildade – a verdadeira, a humildade intelectual, e não a falsa modéstia, orgulho mal disfarçado – era um dos seus traços marcantes. É raro poder-se falar em "traços marcantes" no plural: um homem que tenha, no bom sentido, um só traço marcante, já se pode considerar um eleito dos deuses. Pois a mitologia não é feita de deuses criados pelos homens para exemplificar cada qual uma só virtude? Mas a riqueza de caráter de Amilcar permitia encontrar nele vários traços marcantes. A história das gravações dos concursos é bem um exemplo disso: na atitude dele para com elas apareciam o seu respeito pelas opiniões alheias, a sua tolerância com as fraquezas, as menores capacidades e – por que não dizê-lo, já que o di- zemos de nós? – as vaidades dos outros. Principalmente, o seu apreço pela matéria discutida: o que para seus amigos era um pretexto de brincadeiras com ideias e com homens, para ele era um autêntico material de trabalho, conservado para ser repetidamente ouvido, novamente pensado, outra vez testado, nunca arquivado como coisa feita e acabada, mesmo depois de ganho o concurso. Se alguma coisa faltava ao baiano Amilcar (e com que nostalgia ele falava da sua Bahia!) era a tão – injustamente – decantada facúndia baiana.

Não me lembro em que livraria de Buenos Aires está escrita, como dístico em cima da porta, esta frase de não me lembro que escritor francês: "Os espíritos medíocres cuidam de pessoas; os espíritos comuns cuidam de fatos; os espíritos superiores cuidam de ideias". Amilcar poderia ter escrito essa frase na parede da sua biblioteca, como Montaigne na sua *librairie*. Seria um perfeito retrato do homem. E no entanto, Amilcar não era um angustiado, não era um torturado. A sua maneira de ter as ideias sempre em cima do banco de provas não era, como em Descartes, o tormento da dúvida sistemática: era o respeito pela ideia mesma, sempre a exigir dele um estudo mais apurado; era, acima de tudo, a sua crença, a sua fé na ciência do Direito, que ele queria perfeita, e de que aquela ideia a reexaminar, por mais modesta que fosse, era uma parcela. Mas o reexame não era inspirado pela dúvida, mas alimentado pela confiança, que exigia a perfeição. Se dúvida existia em Amilcar, era a dúvida da sua própria capacidade de bem servir à ciência a que se dedicara. Razões diversas, de viagens, de saúde, conspiraram para que eu nunca tenha participado diretamente dos concursos de Amilcar; mas assisti a um, e a experiência deixou-me a lição de honestidade intelectual de ver um candidato pôr em risco o seu sucesso para refazer, de improviso, ante a banca inapelável, toda a sua colocação de um problema, longamente meditada na feitura da tese, só porque uma frase, talvez marginal, de um examinador despertara nele a dúvida, para ele cruciante de que porventura a sua exposição do ponto não tivesse sido a que melhor iluminasse a verdade jurídica.

Já no título que escolhi, procurei mostrar que não pretendia falar do jurista, empresa acima das minhas forças e de resto inútil, porque a obra que Amilcar deixou fala por si muito melhor, como disse Lincoln no discurso de Gettysburg, "que a nossa pobre capacidade para adicionar ou subtrair". Mas, à medida que escrevo, me dou conta de que a minha pretensão não era viável: em Amilcar, o homem de ciência e o homem humano são indissociáveis. Toda a sua vida foi uma dedicação ao estudo, e as qualidades do homem tiveram sua expressão na obra do jurista. A essa obra ele se consagrou inteiro, e por isso é nela que aqueles que não tiveram, como eu tive, a fortuna de conhecer o homem, terão de encontrá-la no jurista. E é também por isso que na obra os que conheceram o homem terão de procurar o lenitivo para a mágua de que falou Camões, "a mágoa sem remédio de perder-te". De perdê-lo pela obra, que pela sua dedicação infatigável o matou. O único paralelo que me ocorre é o de Mozart, outro gênio ceifado no auge da sua força, consumido também por alguma misteriosa premonição dos destinados a morrer jovens, de que o seu tempo é escasso para darem de si tudo o que têm para dar.

Mas alguém disse que *"ceux qui meurent jeunes meurent immortels"*. Essa frase, que talvez se quisesse apenas referir, melancolicamente, ao escapar do desgaste dos anos, adquire no caso de Amilcar uma nova dimensão. Se me fosse dado voltar a falar-lhe frente a frente, como naquela tarde de 1956 no Parque Rodó, eu lhe diria: "Descansa, Amilcar. O dever que te impuseste foi cumprido. A vida que quiseste viver foi plenamente vivida. Aquilo que foste e que fizeste supre o que o destino não te tenha permitido. Porque, se aquilo que foste e que fizeste te sobrevive como realização, aquilo que não te foi dado seres e fazeres te ultrapassa como exemplo".

Guarujá, julho de 1970

Rubens Gomes de Sousa

SUMÁRIO

Capítulo I

O CONCEITO

Sumário: *1. Obrigação tributária principal. 2. Conceito. 3. Denominação. 4. Importância do conceito.*

1. Obrigação tributária principal

Define-se como uma obrigação[1] *ex lege* de Direito Público a relação jurídica[2] através da qual a prestação de tributos é exigida pelo Estado ou outra pessoa de Direito Público.

---

1. A orientação predominante em doutrina é a de considerar de natureza obrigacional a relação jurídica tributária, pelo menos no que diz respeito à obrigação principal de prestar tributos. Certa divergência existe quer quanto à natureza, quer quanto à classificação das demais relações jurídicas secundárias ou acessórias (penalidades, normas processuais, obrigações ou deveres acessórios etc.), que certos autores pretendem considerar integrantes de uma só relação jurídica, de caráter complexo (assim A.D. Giannini, *Il Rapporto Giuridico d'Imposta*, Milão, A. Giuffrè, 1937-XV, p. 26: "cosicchè Il rapporto giurídico d'imposta ha un contenuto complesso..."), enquanto outros entendem que são de natureza inteiramente diversa a relação jurídica principal e as demais relações jurídicas acessórias ou secundárias (assim Dino Jarach, *El Hecho Imponible – Teoria General del Derecho Tributario Sustantivo,* Edição da "Revista de Jurisprudência Argentina S/A", Buenos Aires, 1943, pp. 44 e segs.). Aos objetivos da nossa exposição interessa, apenas, a alusão à relação principal. Quanto à doutrina, além das obras citadas, cf. A.D. Giannini, *Instituzioni di Diritto Tributario,* Milão, Giuffrè, 1960, 8ªed., p. 58; *Idem, I concetti fondamentali del Diritto Tributario,* Utet, 1956, pp. 125 a 129; Dino Jarach, *Curso Superior de Derecho Tributario,* Liceo Profesional "Cima", Buenos Aires, vol.1º, p. 171; Mario Pugliese, *Instituciones de Derecho Financiero – Derecho Tributario,* trad. Fondo de Cultura Económica, México, 1939, p. 50 entre outros.

2. É certo que alguns raros autores pretendem considerar a relação tributária uma relação de poder (*Gewaltverhältnis*). Estão nesse caso Franz Schneider, com sua

Fonte de tal obrigação, obviamente, é a lei. Todavia, não basta a existência de lei para que a obrigação tributária se instaure. Para o nascimento da obrigação, necessário é que surja concretamente o fato ou pressuposto que o legislador indica como sendo capaz de servir de fundamento à ocorrência de relação jurídica tributária.[3-4]

É a esse fato ou pressuposto que se dá o nome de fato gerador.

2. Conceito

Fato gerador é, pois, o fato, o conjunto de fatos ou o estado de fato, a que o legislador vincula o nascimento da obrigação jurídica de pagar um tributo determinado.

---

monografia *Das Abgabengewaltverhältnis Grundzüge eines materiellen Teils*, Tübigen, Verlag von J.C.B. Mohr (Paul Siebeck), 1918, *passim*, especialmente pp. 4 e segs.; e, de alguma forma, Guido Falzone, *Le Obbligazioni dello Stato*, Milão, Giuffrè, 1960, p. 14. Essa concepção não encontra apoio na doutrina predominante.

3. O autor faz referência ao *princípio da legalidade*, também denominado pela doutrina como *princípio da legalidade estrita* (art. 150, I, da CF/88).
Art. 150. Sem prejuízo de outras garantias asseguradas ao contribuinte, é vedado à União, aos Estados, ao Distrito Federal e aos Municípios: I - exigir ou aumentar tributo sem lei que o estabeleça; (...). (Tatiana Falcão)

4. Em matéria tributária, as agruras vividas com a guerra fiscal, a falta de transparência com os tributos pagos e a necessidade de acelerar ou mesmo retomar o crescimento econômico, prejudicado, também, pela pandemia da covid-19, culminaram na Reforma Tributária, cuja emenda foi sancionada no apagar das luzes do ano de 2023 (EC 132/2023).
A Reforma Tributária trouxe os princípios que devem ser observados pelo Sistema Tributário Nacional: simplicidade, transparência, justiça tributária, cooperação e defesa do meio ambiente. Verifica-se, assim, que o Código Tributário Nacional e demais normas tributárias deverão ser interpretadas também à luz destes princípios, merecendo destaque doutrinário o da defesa do meio ambiente, pelo seu caráter extrafiscal, harmonizando-se com o disposto no art. 225, *caput*, da CF/88.
Quanto à extrafiscalidade, vale acrescer, que a Reforma também inseriu novo inciso ao art. 153 da CF/88 (VIII), atribuindo, à União, competência para criar impostos sobre a produção, extração, comercialização ou importação de bens e serviços prejudiciais à saúde ou ao meio ambiente, por meio de lei complementar.
Para uma ideia geral da Reforma Tributária (EC 132/2023), sugere-se a leitura de conteúdo publicado pela Agência do Senado: Reforma tributária promulgada: principais mudanças dependem de novas leis. Disponível em: https://encurtador.com.br/uvY09 Acesso em: 05 fev. 2024. (Tatiana Falcão)

Nesta definição estão mencionados, como elementos relevantes para a caracterização do fato gerador, os seguintes: *a)* a previsão em lei; *b)* a circunstância de constituir o fato gerador, para o Direito Tributário, um fato jurídico, na verdade um fato econômico de relevância jurídica; *c)* a circunstância de tratar-se do pressuposto de fato para o surgimento ou a instauração da obrigação *ex lege* de pagar um tributo determinado.

Serão, a seu tempo, examinados e discutidos esses diferentes aspectos da noção de fato gerador.

3. Denominação

Do ponto de vista terminológico, cumpre observar que várias expressões têm sido empregadas como sinônimas de fato gerador, em geral não passando todas elas de simples tradução de termos consagrados na linguagem jurídica de outros países.

Assim é que são eventualmente usadas as expressões: suporte fático (do alemão *Steuertatbestand*), fato imponível (do espanhol *hecho imponible*), situação base ou pressuposto de fato do tributo (do italiano *fattispecie tributaria*) etc.

Certos autores usam ainda expressões como *objeto do tributo* ou *objeto do imposto*, para designar o fato gerador. Entre outros, assim procede Ernst Blumenstein, ao referir-se ao *Steuerobjekt*.[5]

São criticáveis tais expressões. E o são por mais de uma razão. Em primeiro lugar, recordam elas errônea concepção antiga, segundo a qual os impostos, especialmente, e, em geral, os tributos, recaíam sobre coisas, de modo que se falava em impostos incidentes sobre imóveis, ou sobre mercadorias destinadas ao consumo, importadas, fabricadas etc. Em

5. Cf. *System des Steurerrechts*, Polygraphischer Verlag A.G., Zurique, 2ª ed., 1951, p. 96: "O ponto de partida da exigência tributária (*Steuererhebung*) está constituído por um determinado fato em virtude de cuja existência um tributo é devido. Ele não representa apenas a causa exterior da imposição, mas igualmente seu fundamento objetivo e é por isso designado como objeto do imposto (*Steuerobjekt*)".

verdade, a relação tributária é uma relação pessoal ou obrigacional; a alusão à coisa, ao imóvel, à mercadoria, nos exemplos mencionados, é feita *brevitatis causa*, servindo a indicação de tais bens como um *prius* lógico para identificação do fato gerador, que é sempre uma relação estabelecida com tal coisa, imóvel, mercadoria etc.: a posse ou propriedade de imóvel, a importação, o consumo ou destinação ao consumo, a fabricação de mercadorias etc.[6] Por tal razão, porque rememore essa concepção antiga e superada inteiramente, a expressão *objeto do tributo* deve ser evitada.

Existe, porém, uma segunda razão, de caráter sistemático esta, porque é condenável o emprego da designação – objeto do tributo – com o significado de fato gerador. É que nisso haveria uma impropriedade técnica.

Como anota Merk, se o tributo é, por definição, uma prestação em dinheiro,[7] *objeto do tributo* será necessariamente o objeto dessa prestação.[8]

Em nosso idioma, a expressão consagrada é *fato gerador*.

O uso generalizado a perfilhou. Possivelmente, a sua divulgação entre nós deveu-se, de modo especial, a Gaston Jèze, cujo estudo sobre o fato gerador foi muito lido, quer no original, quer na tradução para o português.[9]

---

6. Wilhelm Merk, *Steuerschuldrecht*, Verlag von J.C.B. Mohr (Paul Siebek), Tübingen, 1926, p. 36; A.D.Giannini, *Il Rapporto*, cit., pp. 32 e segs.; Dino Jarach, *El Hecho*, cit., p. 53; Albert Hensel, *Diritto Tributario*, trad. 1956, Milão, Giuffrè, p. 75.

7. Vide a literalidade do art. 3º do CTN:
Art. 3º. Tributo é toda prestação pecuniária compulsória, em moeda ou cujo valor nela se possa exprimir, que não constitua sanção de ato ilícito, instituída em lei e cobrada mediante atividade administrativa plenamente vinculada. (Tatiana Falcão)

8. Cf. Merk, op. Cit., p. 37; A. Berliri, *Principi*, cit., vol. II, tomo I, p. 199; Jacob Wackernagel, "Die Aufgabe der Steuerrechtswissenchaft", *in Von der Steuer in der Demokratie;* volume publicado em homenagem a E. Blumenstein, Polygraphischer Verlag A.G., Zurique, pp. 24 e segs.

9. Estudo de Jèze, publicado originariamente na *Revue du Droit Public et de la Science Politique*, tomo 54, ano 44, Paris, 1937, pp. 618 a 634, está traduzido por Paulo da Mata Machado, sob o título "O Fato Gerador do Imposto (contribuição à teoria do crédito de imposto)", na *RDA*, vol. II, fasc. I, p. 50 e seguintes. Aliás, do mesmo

Dificilmente encontrar-se-á no Brasil texto de doutrina ou de jurisprudência, de dois a três lustros para cá,[10] em que a expressão usada seja outra que não *fato gerador*.[11]

É certo que também tal expressão é passível de crítica. Em especial, o qualificativo de *gerador* contém uma impropriedade.

Não é o fato gerador quem cria, quem, digamos assim, gera a obrigação tributária. A fonte de tal obrigação, a energia ou força que a cria ou gera é a própria lei.

O fato gerador é, apenas, o pressuposto material que o legislador estabelece para que a relação obrigacional se instaure.

A obrigação tributária nasce, cria-se, instaura-se por força da lei; na lei estão todos os seus fatores germinais. O chamado fator gerador marca, apenas, o momento, o pressuposto, a *fattispecie* normativa para que o *vinculum juris* legalmente previsto se inaugure.

Se é verdade que existe tal impropriedade terminológica, entretanto, nem por isso deveria a expressão *fato gerador* ser desprezada. A deficiência apontada não exclui a virtude de, através da mesma qualificação, deixar-se assinalado que o momento da ocorrência do fato gerador é aquele mesmo em que se reputa instaurada a obrigação tributária.

Demais disso há a vantagem de, pelo uso da palavra *fato*, deixar-se esclarecido que o fato gerador é, *conceptualmente*, um fato jurídico e não um ato de vontade com conteúdo negocial relevante para o Direito Tributário.

Jèze também muito divulgado entre nós foi o artigo, igualmente traduzido para o português, sob o título *"Natureza e Regime Jurídico do Crédito Tributário"*, publicado na *RDA*, vol. III, p. 58.

10. Lustro é período referente a cinco anos; quinquênio. (Tatiana Falcão)

11. Convém observar que a expressão *suporte fático*, que não passa de tradução do vocábulo germânico *Tatbestand*, é, entretanto, sempre empregada nas obras de Pontes de Miranda.

Para justificar a preferência pela designação *fato gerador* não há necessidade, aliás, de maiores demonstrações ou alongamentos.

Basta dizer-se que tal expressão já penetrou na nossa terminologia jurídica.[12]

12. Rubens Gomes de Sousa, *Estudos de Direito Tributário*, Ed. Saraiva, 1950, São Paulo, p. 167, nota 12-B, a respeito observa: "Seria talvez procedente uma objeção, de caráter terminológico, contra a expressão 'fato gerador', porquanto esta dá a ideia de que tal fato é necessário e suficiente para gerar a obrigação, quando acabamos de ver que ele é necessário, porém não suficiente (Jèze sentiu esta objeção). Talvez por isto outras terminologias foram propostas: fato tributável (Jarach), situação-base fiscal (Allorio). Todavia, eventualmente, em razão da maior influência, entre nós, da doutrina, e da maior familiaridade da língua francesa, a expressão 'fato gerador' (Jèze) já penetrou na terminologia." A terminologia foi ultimamente adotada quer no Anteprojeto de Código Tributário Nacional, elaborado pelo mesmo Prof. Rubens Gomes de Sousa (cf.arts. 140 e 141, especialmente), quer no Projeto do Código Tributário Nacional, resultante dos trabalhos da Comissão Especial constituída pelo Governo para apreciar o referido Anteprojeto (cf. particularmente os arts. 80, 82, 83, 84 e 85). Foi essa a terminologia adotada no próprio Código Tributário Nacional (cf. particularmente os arts. 113, § 1º, 114, 115, 116 e 118). O relator da comissão, que foi o autor do Anteprojeto, justifica o uso da expressão *fato gerador*: "O art. 82 define o fato gerador da obrigação principal unicamente, posto que a figura não existe na obrigação acessória (*supra*, 88). A Comissão conservou a terminologia do Anteprojeto (art. 141), por ser a mais usual e elucidativa, de preferência a outras também empregadas na doutrina ("fato tributável", "situação-base fiscal", "suporte fático" etc.). Por outro lado é pacífico que a expressão "fato gerador" abrange todas as hipóteses definidas em lei como dando origem à obrigação tributária, quer se trate de fatos materiais ou de situações jurídicas (Jèze, "O Fato Gerador do Imposto", *RDA*, vol. 2/50, *RF*, vol. 104/37). E, ainda, a circunstância de o fato gerador dar origem à obrigação (art. 80), embora não possa, por si só, gerar a cobrança, basta para eliminar qualquer outra objeção de natureza terminológica (Cf. "Relatório", em *Trabalhos da Comissão Especial do Código Tributário Nacional*, Rio de Janeiro, 1954, volume mandado publicar pelo Ministério da Fazenda, p. 192). Observação semelhante lê-se em Aliomar Baleeiro, *Limitações Constitucionais ao Poder de Tributar*, Forense, Rio, 2ª ed. revista e atualizada, p. 37, nota (11)1: Reconhecemos a procedência da crítica à expressão *fato gerador* dos franceses, mas a empregamos pela difusão que, em nosso país, já a tornou consagrada na linguagem jurídica. "Fato tributável", "pressuposto de fato", "situação de fato", *fattispecie tributaria, Tatbestand,* não seriam melhores, talvez. Se só modernamente, com o progresso do Direito Tributário após a Primeira Guerra, foi que essa noção simples se divulgou e recebeu batismo na terminologia jurídica, em verdade a observação de que a lei cria a obrigação fiscal mediante a definição de uma específica e inconfundível situação de fato é velha de século e meio. Jean Baptiste Say, que morreu em 1832, já escrevia no começo do século passado: "Nous avons vu que, par l'impôt, ce sont les capitaux ou les revenus des contribuables qu'il s'agit d'atteindre; mais à moins de taxer arbitrairement les contribuables, on est obligé d'exiger leur contribution à l'ocasion d'un fait qui serve de base à la prétention du fisc. Les préposés

4. Importância do conceito

O fato gerador é um conceito fundamental e nuclear para o estudo do direito tributário.

Escritores existem – os da chamada escola da glorificação do fato gerador – que entendem não passar toda teoria do Direito Tributário material de um desenvolvimento da própria teoria do fato gerador.[13]

Sem incidir no exagero de afirmativa tão radical, pode dizer-se, entretanto, que inúmeros conceitos e institutos de que se ocupa aquela disciplina jurídica têm como ponto de partida a noção mesma de fato gerador, o que justificaria um paralelismo, nesse particular, entre a relevância desse último para o Direito Tributário e da noção de crime ou delito para Direito Penal.[14]

É assim que, a seu tempo, aludiremos à importância do fato gerador para que se chegue concretamente à fixação das seguintes noções:[15]

---

exigent l'impôt foncier en vertu du fait que le contribuable est propriétaire d'un bienfonds d'une certaine valeur, la patente, en vertu du fait qu'il exerce une profession industrielle; un droit d'entrée, en raison de l'introduction de telle outelle marchandise etc. Ce sont là les fait qui servent de base à l'impôt; c'est sur eux qu'il est assis, et c'est la nature diverse de ces faits, qui sert à la classification, à la dénomination des impôts" (J. B. Say, *Cours Complet d'Économie Politique,* 3ª ed., tomo II, Paris, 1852, p. 398)".

13. Cf. Dino Jarach, *El Hecho*, cit., p. 62; para observações críticas, cf. A. D. Giannini, *Il rapporto*, cit., p. 27, nota 47.

14. Cf. Merk, op. cit., p. 63, nota 2; Albert Hensel, *Diritto Tributario*, 1956, Milão, Giuffrè, trad. de Dino Jarach, p. 73; Werner Aprath, "Zur Lehre von steuerlichen Tatbestand", in *Gegenwartsfragen des Steuerrechts, Festschrift für Armin Spitaler*, obra publicada sob a direção de Gerhard Thoma, Verlag dr. Otto Schmidt, Colônia, pp. 128 a 131; A. Beliri, *Principi*, cit., Vol. II, tomo I, p. 203: "di qui l'ovvia conclusione che nel diritto tributario lo studio della fattispecie dovrebbe occupare un posto di primo piano, per non dire una posizione assolutamente preminente, rispetto a tutti gli altri problemi cosi come nel diritto penale avviene per il reato"; adiante, à p. 204, o mesmo autor adverte não serem, entretanto, facilmente utilizáveis as elaborações dos penalistas para o Direito Tributário, "per la irrilevanza che in questo hanno i due elementi caratteristici del reato: la sua illegitimità e la sua volontarietà".

15. Cf. Amilcar de Araújo Falcão, *Direito Tributário Brasileiro (Aspectos Concretos)*, Ed. Financeiras, Rio, 1960, pp. 213 e 214.

a) identificação do momento em que nasce a obrigação tributária principal;

b) determinação do sujeito passivo principal da obrigação tributária;

c) fixação dos conceitos de incidência, não incidência e isenção;

d) determinação do regime jurídico da obrigação tributária: alíquota, base de cálculo, isenções etc.;

e) distinção dos tributos *in genere;*

f) distinção dos impostos *in specie;*

g) classificação dos impostos em diretos e indiretos;

h) eleição do critério para interpretação da lei tributária;

i) determinação dos casos concretos de evasão em sentido estrito (*Steuerumgehung*);

j) estabelecimento dos princípios de atuação da discriminação constitucional de rendas no Brasil: definição da competência impositiva e determinação dos casos de invasão de competência e de bitributação.

Capítulo II

PREVISÃO EM LEI

Sumário: 5. *Fato gerador: caracteres essenciais.* 6. *A previsão em lei.* 7. *O direito positivo.* 8. *Requisito essencial.* 9. *Previsão em lei e interpretação: interpretação extensiva.* 10. *Interpretação econômica.* 11. *Integração analógica.* 12. *Analogia, fato gerador supletivo e "cláusula geral".* 13. *Autorização orçamentária.*

5. Fato gerador: caracteres essenciais

Ao ser conceituado o fato gerador (n. 2, *retro*), foram-lhe assinalados três característicos essenciais: resultar de previsão em lei; constituir um fato e não um ato negocial ou um negócio jurídico para o Direito Tributário; representar o pressuposto de fato para o nascimento da obrigação tributária principal.

Cumpre, agora, passar ao estudo de cada um desses característicos essenciais.

6. A previsão em lei

O primeiro deles é o da previsão em lei. Trata-se de um desdobramento ou de um aspecto, talvez o mais importante, do princípio geral, consagrado pelo Estado de Direito, da legalidade da administração (*Gesetzmässigkeit der Verwaltung*), ou, mais especificamente, do princípio da legalidade dos tributos, estabelecido este pela Constituição Brasileira de 1988[16-17-18] (art. 150, n. I), como pela quase totalidade das constituições modernas vigentes.[19]

---

16. O texto da 1ª edição referia-se à Constituição de 1946. (Nota do Atualizador).

17. Outro princípio que merece destaque é a vedação ao confisco, insculpido no art. 150, IV, da CF/88. Também, o direito de propriedade, alçado como direito fundamental, por estar no art. 5º, XXII, da CF/88, além de constar no rol do art. 170, II. Salta aos olhos, portanto, a preocupação do legislador em proteger a propriedade em sentido lato. Por fim, vale recordar que como todos os ramos do direito brasileiro, o tributário também deve ser visto, analisado e aplicado à luz da Constituição Federal em vigor, fenômeno que a doutrina tem chamado de "constitucionalização do direito" (Tatiana Falcão).

18. Como ensina o Ministro do STF, Luís Roberto Barroso: "A ideia de constitucionalização do direito aqui explorada está associada a um efeito expansivo das normas constitucionais, cujo conteúdo material e axiológico se irradia, com força normativa, por todo o sistema jurídico. Os valores, os fins públicos e os comportamentos contemplados nos princípios e regras da Constituição passam a condicionar a validade e o sentido de todas as normas do direito infraconstitucional. Como intuitivo, a constitucionalização repercute sobre a atuação dos três Poderes, inclusive e notadamente nas suas relações com os particulares". In: A constitucionalização do direito e suas repercussões no âmbito administrativo. Disponível em: https://encurtador.com.br/pwzV2 Acesso em: 11 set. 2023. (Tatiana Falcão)

19. Victor Uckmar, *Principi Comuni di Diritto Costituzionale Tributario*, Cedam – Casa Edit. Dott. A., Milani, Pádua, 1959, p. 21, com a seguinte observação: "Tutte le vigenti Costituzioni, eccezion fatta, per quanto mi consta, di quella dell'Unione delle Repubbliche Socialiste Sovietiche, affermano esplicitamente che le imposte devono essere approvate dai competenti organi legislativi, precetto che, almeno negli Stati di diritto, non serebbe neppure necessario non essendo – como è stato rilevato dall'allorio – già per regola generale in potere dell'Amministrazione pubblica la modificazione del diritto vigente"; sobre o princípio da legalidade dos tributos, cf. especialmente Aliomar Baleeiro, *Limitações*, cit., pp. 19 e segs.; *idem, Uma Introdução à Ciência das Finanças*, Ed. Forense, 2ª ed., revista e aumentada, 1958, vol. 1º, pp. 268 *usque* 270, e vol. 2º, p. 476; *idem, O Direito Tributário da Constituição,* Ed. Financeiras, Rio, 1959, pp. 87 e segs. Segundo V. Linares Quintana, *El Poder Impositivo y la Liberdad Individual,* Ed. "Alfa", Buenos Aires, pp. 180 e segs.; Servando J. Garza, *Las Garantias Constitucionales en el Derecho Tributario Mexicano,* Ed. Cultura, T.G. México, D.F., 1949, p. 17; Ernst Blumenstein, "Die Rechtsordnung der Öffentlichen Finanzwirtschaft", in *Handbuch der Finanzwissenschaft,* de Gerloff e F. Neumark, J.C.B. Mohr (Paul Siebeck), Tübigen, 1952, 2ª ed., vol. 1º, pp. 108 e109; Salvatore Bartholini, *Il Principio di Legalità dei Tributi in Materia di Imposte,* Padova, Cedam, 1957, *passim* e, quanto ao fundamento do princípio, p. 39.

Alguns escritores alemães, ao se referirem ao princípio da legalidade da administração em matéria tributária (*gesetzmässige Verwaltung)*, costumam designá-lo como postulado da adequação da tributação ao fato gerador (*tatbestandsmässige Besteuerung*).[20]

Há, evidentemente, uma imprecisão técnica, aliás apontada por Kruse,[21] em tal modo de nomear o princípio da legalidade dos tributos. É que ele não diz respeito, apenas à definição do fato gerador.

Consoante tem sido asseverado, por força do princípio da legalidade, exige-se que em lei formal estejam determinados, pelo menos os seguintes elementos: o fato gerador do tributo, a sua alíquota, a respectiva base de cálculo e os sujeitos passivos diretos e indiretos da obrigação tributária.[22-23-24]

---

20. Cf. especialmente Heinrich Wilhelm Kruse, "Gesetzm ässige Verwaltung, Tatbestandsmässige Besteuerung", no volume *VomRechtschutz im Steuerrecht*, editado por Gunther Felix, Verlagsbuchhandlung des Instituts der Wirtschaftsprüfer, Düsseldorf, 1960, pp. 93 e segs. e, em particular, pp. 93, 95 e 109; nessa última página está escrito: "O princípio da adequação ao fato gerador (Tatbestandmässigkeit) significa que os tributos só poderão ser exigidos se o fato gerador, a que a lei vincula a obrigação tributária, vier a realizar-se. Este princípio é uma decorrência do princípio da legalidade da Administração no sentido hoje vigente."

21. Cf. op. cit., p. 109: "Contudo, esta asserção só é correta num sentido muito geral."

22. Cf. Baleeiro, *Limitações*, cit., p. 46; Servando Garza, op. cit., p. 17; Linares Quintana, op. cit., pp. 180 e 181; Otto Mayer, *Derecho Administrativo Aleman*, trad., Ed. Depalma, Buenos Aires, 1950, tomo II, parte especial, p. 200; Amilcar de Araújo Falcão, *Direito Tributário,* cit., pp. 234 e 365; *idem, Introdução ao Direito Tributário* – Parte Geral, Ed. Financeiras, 1959, p. 46. Evidentemente, o princípio da reserva da lei em matéria tributária abrange ainda a fixação das infrações e penalidades tributárias.

23. Vide art. 146, III, "a", da CF/88.
Art. 146. Cabe à lei complementar:
(...)
III - estabelecer normas gerais em matéria de legislação tributária, especialmente sobre:
a) definição de tributos e de suas espécies, bem como, em relação aos impostos discriminados nesta Constituição, a dos respectivos fatos geradores, bases de cálculo e contribuintes; (Tatiana Falcão)

24. Na mesma toada de contornos legislativos, a Reforma Tributária (EC 132/2023) atribuiu à lei complementar, por meio da inserção das alíneas "c" e "d", o poder de estabelecer normas gerais no que se refere a adequado tratamento tributário a ser

Definir, caracterizar, conceituar por lei o fato gerador do tributo é, entretanto, um dos aspectos mais relevantes do chamado princípio da legalidade dos tributos, ou da reserva da lei em matéria tributária.

7. O direito positivo

É de interesse mostrar como, no moderno direito positivo comparado, a expressa referência ao requisito da previsão em lei é uma constante, toda vez que se trata de definir o fato gerador.

Em caráter exemplificativo, poderiam mencionar-se disposições da *Reichsabgabenordnung* e do *Steueranpassungsgesetz*, no direito germânico, do Código Fiscal da Federação do México, do Código Fiscal da Província de Buenos Aires. Recentes projetos de códigos tributários, como o de Giuliani Fonrouge, na Argentina, o da Comissão sob a presidência de Ramón Valdes Costa, no Uruguai, o de Rubens Gomes de Sousa hoje transformado em Código Tributário Nacional,[25] igualmente dão relevo à característica em comentário.

Vejam-se os textos correspondentes.

Dispõe o 1º da *Reichsabgabenordnung* (quer com a redação original, de 13 de dezembro de 1919, quer com a redação de 22 de maio de 1931):

> Impostos são, no sentido da *Reichsabgabenordnung*, prestações únicas ou continuativas em dinheiro, que não representam uma contraprestação por uma prestação especial, impostas por uma entidade de direito público para a obtenção de receitas, a todos aqueles a quem se refere o fato gerador (*Tatbestand) ao qual a lei* (*Gesetz) vincula o dever da prestação.*[26]

---

dado ao ato cooperativo (sociedades cooperativas) bem como definição de tratamento diferenciado e favorecido para as microempreas e empresas de pequeno porte, harmonizando-se, portanto, com o disposto no art. 170, IX, da CF/88. (Tatiana Falcão).

25. O texto da 1ª edição referia-se ao Projeto Aranha-Gomes de Sousa, então tramitado na Câmara dos Deputados. (Nota do Atualizador).

26. Os textos podem ser consultados quer em *Finanzen*, 6º volume da série editada por J. JASTROW, *Textbücher zu Studien über Wirtschaft und Staat*, Berlin e Leipzig,

> A *Reichsabgabenordnung*, após sucessivas modificações, foi substituída pela *Abgabenordnung* (AO1977), de 16 de março de 1976, onde a disposição correspondente tem o seguinte teor, na tradução de Alfred J. Schmid *et alii (Novo Código Tributário Alemão,* Ed. Forense - IBDT, Rio - São Paulo, 1978):
>
> § 3º (1) Impostos são prestações pecuniárias que não configuram uma contraprestação por um serviço especial, exigidas por uma entidade de direito público, para obtenção de receitas, de todos os que realizarem o fato ao qual a lei vincula o dever de prestação; (...). (Nota do Atualizador).

Diz, outrossim, o inciso 1º do § 3º da *Steueranpassungsgesetz* de 16 de outubro de 1934:

> A obrigação tributária *(Steuerschuld)* surge assim que se tenha verificado o fato gerador (*Tatbestand*) ao qual a lei (*Gesetz*) vincula o imposto.

Dispõe o § 38 da *Abgabenordnung* (AO 1977):

> Nascem as pretensões derivadas da relação de débito do imposto no momento em que se verifica o fato ao qual a lei vincula o dever da prestação. (Nota do Atualizador).

Os artigos 2º e 31 do Código Fiscal da Federação Mexicana[27-28] soam do modo seguinte:

> Art. 2º Son *impuestos* las prestaciones en dinero o en especie, que el Estado fija unilateralmente y con carácter obligatorio a

---

1921, *Vereinigung Wissenschaftlicher Verleger,* Walter de Gruyter & Co., p. 56; quer no volume, atualizado com as alterações ocorridas até 1º de dezembro de 1956 e mandado publicar pelo Ministério das Finanças, sob o título "*Reichsabgabenordnung und Nebengesetze.*"

27. O texto atualizado do Código Fiscal pode ser encontrado na edição de folhas substituíveis, feita por Manuel Andrade, *Código Fiscal de la Federación, y Disposiciones Conexas,* 9ª ed., 1960, Ed. Información Aduanera de México.

28. Está em vigor o Código Fiscal de la Federación de los Estados Unidos Mexicanos, publicado em 31 de dezembro de 1981, cuja última reforma foi publicada em 12 de novembro de 2021. Disponível em: https://encurtador.com.br/gsAHJ Acesso em: 04 set. 2023. (Tatiana Falcão)

> todos aquellos individuos cuya situación coincida con la que la *ley señala como hecho generador* del crédito fiscal.[29]
>
> Art. 31. El crédito fiscal nace en el momento en que se realizan las situaciones juridicas o de hecho que, *de acuerdo con las leyes fiscales,* dan origena una obligación tributaria para con el fisco federal.[30]

O Código Fiscal da Província de Buenos Aires[31-32](Decreto-Lei n. 277, de 1957, com modificações ulteriores pela Lei n. 6.007, de 1959), em seu art. 2º, igualmente assinala o requisito indicado:

> Son impuestos las prestaciones pecuniarias que, por disposición del presente Código o de leyes especiales, están obligadas a pagar a la Provincia las personas que realicen actos o operaciones, o se encuentren en situaciones que *la ley considera como hechos imponibles.* El hecho imponible, todo hecho, acto, operación o situación de la vida económica de los que este *Código o leyes*

---

29. Atualmente, a matéria suprarreferida encontra-se no Código Fiscal de la Federación de los Estados Unidos Mexicanos no inciso I do art. 2º:
"I. Impuestos son las contribuciones establecidas en ley que deben pagar las personas físicas y morales que se encuentran en la situación jurídica o de hecho prevista por la misma y que sean distintas de las señaladas en las fracciones II, III y IV de este Artículo". Disponível em: https://encurtador.com.br/gsAHJ. Acesso em: 04 set. 2023. (Tatiana Falcão).

30. Quanto aos "créditos fiscales", o conteúdo está no atual art. 4º:
Artículo 4º.- Son créditos fiscales los que tenga derecho a percibir el Estado o sus organismos descentralizados que provengan de contribuciones, de sus accesorios o de aprovechamientos, incluyendo los que deriven de responsabilidades que el Estado tenga derecho a exigir de sus funcionarios o empleados o de los particulares, así como aquellos a los que las leyes les den ese carácter y el Estado tenga derecho a percibir por cuenta ajena. La recaudación proveniente de todos los ingresos de la Federación, aun cuando se destinen a un fin específico, se hará por la Secretaría de Hacienda y Crédito Público o por las oficinas que dicha Secretaría autorice. Disponível em: https://encurtador.com.br/gsAHJ Acesso em: 04 set. 2023. (Tatiana Falcão)

31. Os textos atualizados estão na publicação n. 04.777, feita pela Direção Geral de Rendas do Ministério da Fazenda da Província de Buenos Aires, sob o título "Código Fiscal – Ley Impositiva 1957 – Decreto Reglamentario n. 1.403/57", La Plata, 1957, e, bem assim, em *Boletín Informativo de Legislación Argentina*, Ano XIX, n. 3, 18 de março de 1959, pp. 19 e segs.

32. Está vigente o Decreto 70/2023, o qual consolida diversas modificações e reordena em anexos a legislação tributária original. Disponível em: https://encurtador.com.br/eqyDV Acesso em: 04 set. 2023. (Tatiana Falcão)

> *fiscales especiales hagan depender el nacimiento de la obligación impositiva.*[33]

Os projetos de Código Tributário, recentemente elaborados, contêm disposição do mesmo teor.

No anteprojeto elaborado por Giuliani Fonrouge, art. 17, está dito o seguinte:

> Los créditos fiscales nacen al producirse las situaciones que, *de acuerdo con las leyes fiscales*, dan origen a una obligación tributaria, pero sólo son exigibles a partir de la fecha señalada por las disposiciones en virtud de las cuales han tenido origen.[34]

O recente Anteprojeto de Código Fiscal do Uruguai,[35] elaborado por uma Comissão presidida pelo Prof. Ramón Valdés Costa, em seus arts. 3º, *a*, e 11, procede do mesmo modo:[36]

> Art. 3º *Materia privativa de la ley.* Solo la ley puede:
>
> a) crear tributos, estableciendo su *presupuesto de hecho* y los elementos constitutivos de la relación jurídico tributaria, modificar y derogarlos.[37]

---

33. Não encontramos disposição correspondente no Decreto suprarreferido. Disponível em: https://encurtador.com.br/eqyDV Acesso em: 04 set. 2023. (Tatiana Falcão)

34. Cf. Carlos M. Giuliani Fonrouge, *Anteproyecto de Código Fiscal*, Sección Publicaciones del Seminario de Ciencias Jurídicas y Sociales, Buenos Aires, 1942, p. 393.

35. Atualmente, vigora o Código Tributário incorporado pelo Decreto Ley 14.306, promulgado e publicado em 1974. Disponível em: https://encurtador.com.br/FJQRU Acesso em: 04 set. 2023. (Tatiana Falcão)

36. Vale mencionar que foi sancionado o Decreto Legislativo 72/2023, que aprova o texto da Convenção entre a República Federativa do Brasil e a República Oriental do Uruguai para Eliminar a Dupla Tributação em Relação aos Tributos sobre a Renda e sobre o Capital e Prevenir a Evasão e a Elisão Fiscais. Disponível em: https://encurtador.com.br/cmtPV Acesso em: 04 set. 2023. (Tatiana Falcão)

37. Este conteúdo encontra correspondência no art. 2º, conforme segue:
Artículo 2:
(Principio de legalidad).- Sólo la ley puede:
1º) Crear tributos, modificarlos y suprimirlos. Disponível em: https://encurtador.com.br/FJQRU Acesso em: 04 set. 2023.(Tatiana Falcão)

> Art. 11 *Concepto de tributo.* Tributo es la prestación pecuniaria, destinada a cubrir los gastos públicos, que el contribuyente está obligado a pagar al Estado en cuanto ocurre el hecho previsto en la ley como presupuesto de su obligación.[38-39]

Resta, por fim, aludir ao Projeto de Código Tributário Nacional, chamado de "Projeto Aranha-Gomes de Sousa", cujo arts. 52, parágrafo único, n. I, e 82 foram expressos em indicar a previsão em lei como elemento característico do fato gerador.

Eis o artigo 52 do Projeto:[40]

---

38. A transcrição é feita do texto mimeografado que nos foi enviado pelo Prof. Valdés Costa. Não conhecemos qualquer publicação impressa. A exposição de motivos que precede o Anteprojeto de Código Fiscal é datada de 27 de Fevereiro de 1959.

39. Este conteúdo encontra correspondência no art. 10:
Artículo 10.
(Concepto de tributo).- Tributo es la prestación pecuniaria que el Estado exige, en ejercicio de su poder de imperio, con el objeto de obtener recursos para el cumplimiento de sus fines.
No constituyen tributos las prestaciones pecuniarias realizadas en carácter de contraprestación por el consumo o uso de bienes y servicios de naturaleza económica o de cualquier otro carácter, proporcionados por el Estado, ya sea en régimen de libre concurrencia o de monopolio, directamente, en sociedades de economía mixta o en concesión.
Disponível em: https://encurtador.com.br/FJQRU Acesso em: 04 set. 2023. (Tatiana Falcão)

40. O Código Tributário Nacional vigente, assim ficou redigido:
Art. 97 Somente a lei pode estabelecer:
I- a instituição de tributos, ou a sua extinção;
II- a majoração de tributos, ou sua redução, ressalvado o disposto nos arts. 21, 26, 39, 57 e 65;
III- a definição do fato gerador da obrigação tributária principal, ressalvado o disposto no inciso I do §3º do art. 52, e do seu sujeito passivo;
IV- a fixação da alíquota do tributo e da sua base de cálculo, ressalvado o disposto nos arts. 21, 26, 39, 57 e 65;
V- a cominação de penalidades para as ações ou omissões contrárias a seus dispositivos, ou para outras infrações nela definidas;
VI- as hipóteses de exclusão, suspensão e extinção de créditos tributários, ou de dispensa ou redução de penalidades.
§ 1º. Equipara-se à majoração de tributo a modificação da sua base de cálculo, que importe em torná-lo mais oneroso.
§ 2º. Não constitui majoração de tributo, para os fins do disposto no inciso II deste artigo, a atualização do valor monetário da respectiva base de cálculo. (Nota do Atualizador).

> Art. 52. Somente por lei tributária pode qualquer tributo ser instituído ou majorado (Constituição, art. 141, § 34), reduzido ou extinto.
>
> Parágrafo único. Compete ainda exclusivamente à lei tributária:
>
> I - *Definir o fato gerador da obrigação tributária principal*, fixar o montante da alíquota do tributo e a base do seu cálculo e indicar o respectivo contribuinte.

Definia o art. 82 do Projeto de Código Tributário Nacional especificamente o fato gerador da obrigação tributária principal, quando se tratar de imposto, de taxa, de contribuição de melhoria ou de penalidade pecuniária.[41] Para evitar transcrição mais alongada, basta que se reproduza o n. I do art. 82.

> Art. 82. Fato gerador da obrigação tributária principal é:
>
> I - Tratando-se de imposto, o estado de fato ou a situação jurídica, *definidos por lei tributária como dando origem, por si ou por seus resultados efetivos ou potenciais, ao direito da Fazenda Pública constituir o crédito tributário correspondente.*[42]

---

41. Por considerações que mais tarde serão desenvolvidas no texto, não se nos afigura recomendável a extensão do conceito de fato gerador à hipótese das penalidades pecuniárias tributárias. A noção de fato gerador tem como inspiração a ideia de capacidade econômica do contribuinte, da qual representa um índice. Tal consideração é de todo estranha às penalidades pecuniárias, de modo a afigurar-se inconveniente que se lhes apliquem os mesmos conceitos inerentes à obrigação cujo objeto seja a própria prestação do tributo.

42. Assim ficou redigida esta disposição, no Código vigente, desdobrada em dois mandamentos:
Art. 114. Fato gerador da obrigação principal é a situação definida em lei como necessária e suficiente à sua ocorrência.
Art. 116. Salvo disposição de lei em contrário, considera-se ocorrido o fato gerador, e existentes os seus efeitos:
I- tratando-se de situação de fato, desde o momento em que se verifiquem as circunstâncias materiais necessárias a que produza os efeitos que normalmente lhe são próprios;
II- tratando-se de situação jurídica, desde o momento em que esteja definitivamente constituída, nos termos do direito aplicável. (Nota do Atualizador).
Parágrafo único. A autoridade administrativa poderá desconsiderar atos ou negócios jurídicos praticados com a finalidade de dissimular a ocorrência do fato gerador do tributo ou a natureza dos elementos constitutivos da obrigação tributária, observados os procedimentos a serem estabelecidos em lei ordinária. (Incluído pela LC 104/2001) (Tatiana Falcão)

8. Requisito essencial

Sem essa previsão ou definição de lei, não se configurará o fato gerador. Haverá um fato de vida comum, ou um fato econômico, ou mesmo um fato relevante para outros ramos do Direito: para o Direito Tributário, será ele um fato juridicamente irrelevante, no que diz respeito ao nascimento da obrigação tributária.

O requisito da legalidade é, pois, um requisito existencial, essencial ou constitutivo para própria formação do fato gerador e não apenas um simples requisito de validade.

Sem definição em lei não há fato gerador.[43]

9. Previsão em lei e interpretação: interpretação extensiva

Dito que, para a existência do fato gerador, é necessário ocorrer, através de lei (formal, já se vê), a sua definição como tal, cabe agora indicar o modo pelo qual pode o legislador identificar o fato gerador.

A caracterização do fato gerador nem sempre, entretanto, se faz extensivamente na lei. Muitas vezes limita-se o legislador a mencionar um simples *nomen juris*, ou a fazer uma enumeração meramente exemplificativa, deixando ao intérprete a tarefa de, com base na norma, conceituar concretamente o fato gerador em cada caso.

A primeira hipótese ocorre quando o fato gerador coincide com um conceito já consagrado em outro ramo do Direito, em alguma ciência ou mesmo na linguagem comum. Em tal caso, ao intérprete e ao aplicador cumprirá colher as

43. Vide art. 118 do CTN:
Art. 118. A definição legal do fato gerador é interpretada abstraindo-se:
I - da validade jurídica dos atos efetivamente praticados pelos contribuintes, responsáveis, ou terceiros, bem como da natureza do seu objeto ou dos seus efeitos;
II - dos efeitos dos fatos efetivamente ocorridos. (Tatiana Falcão)

características do fato gerador na disciplina jurídica ou científica da qual a sua definição foi tomada, com a advertência, porém, de que para tanto serão levados em consideração princípios fundamentais de Direito Tributário e, entre eles, o da chamada interpretação econômica da lei tributária.[44]

---

44. É vastíssima a bibliografia relativa ao tema da interpretação da lei tributária, particularmente na Alemanha e na Suíça. É que, além do mais, o debate em torno da autonomia do Direito Tributário tem sempre um dos pontos de atrito mais árduo na questão da interpretação. Para a discussão do problema e, em especial, da chamada interpretação econômica ou, na fórmula germânica, da consideração econômica na interpretação da lei tributária (*wirtschaftliche Betrachungsweise in der Auslegung der Steuergesetze*), cf. entre outros: Ernst Blumenstein, "Gegenseitige Beziehungen zwischen Zivilrecht und Steuerrecht", *in Zeitschrift für schweizerisches Recht*, 1933, vol. 52, caderno 4, pp. 142 e segs. e, especialmente, pp. 260 e segs.; Pierre Aeby, "De l'influence du Droit Fiscal sur le Droit Privé", na mesma revista, pp. 317 e segs.; Jacob Wackernagel, *Die Steuereumgehung und ihre verhütung*, Basel, 1949, Helbing & Lichtenhahn, pp. 78 e segs.; Peter Böhmer, *Erfüllung und Umgehung des Tatbestandes*, Verlagsbuchhandlung des Instituts der Wirschaftsprüfer GmbH, Düsseldorf, 1958, pp. 5 e segs.; Wilhelm Haritz, *Die Auslegung von Steuergesetzen – Inhalt und Grenzen der Wirtschaftlichen Betrachtungsweise*, Industria Verlagsbuchhandlung GmbH Herne, pp. 33 e segs.; Eugen Schlegel, *Wirtschaftliche Betrachtungsweise im Steuerrecht*, Zürich, 1946, Buchdruckerei A/D Sihl AG., pp. 12 e segs.; Willi Weinsheimer, *Die Auslegung Gegen den Wortlaut im Steuerrecht*, Verlagsbuchhandlung des Instituts der Wirtschaftsprüfer, Düsseldorf, 1958, especialmente pp. 23 e segs.; *idem*, "Die Zulässigkeit des Bewussten Entscheidens Gegen den Klaren Wortlaut des Gesetzes im Steuer recht", na coletânea de estudos em homenagem a Armin Spitaler, publicada sob a direção de Günther Felix, com o título V*on der Auslegung und Anwendung der Steuergesetze*, Carl Ernest Poeschel Verlag, Suttgard, pp. 294 e seg.; Gerhard Boop, "Scheingeschäft, Missbräuchliche Steuerumgehung und Wirtschaftliche Betrachtungsweise", na mesma coletânea, pp. 132 e segs.; Brigitte Gast, *Der Einfluss der Entwicklung der Verhältnisse auf die Auslegung von Steuergesetzen*, Verlagsbuchhandlung des Instituts der Wirtschaftsprüfer GmbH, Düsseldorf, 1957, pp. 34 e segs.; Josef Kaiser, *Auslegugsgrundsätze im Steuerrecht*, Hermann Luchterhand Verlag, pp. 56, 73 e segs.; e 93; Walter Geering, "Von Treu und Glauben im Steuerrecht", no volume *Von der Steuer in der Demokratie*, coletânea de estudos em homenagem a E. Blumenstein, Polygraphischer Verlag A. G. Zürich, pp. 124 e segs.; Gerhard Thoma, "Grundsätzliches zur Frage des Missbrauchs von Formen und Gestaltungsmöglichkeiten im Steuerrecht", e Hugo V. Wallis, "Die Wirtschaftliche Betrachtungsweise im Steuerrecht", ambos publicados na coletânea de estudos em homenagem a Ottmar Bühler, editada por Armin Spitaler, sob o título *Probleme des Finanz – und Steuerrrechts*, Verlag Dr. Otto Schmidt KG., Köln, respectivamente às pp. 235 e 251; Walter Hübschmann, "Die Problematik der Wirtschaftlichen Betrachtungsweise", na já citada coletânea *Gegenwartsfragen des Steuerrechts*, p. 109; Albert Hensel, "Der Einfluss des Steuerrechts auf die Begriffsbildung des Öffentlicher Rechts", *in Veröffentlichungen der Vereinigung der Deutschen Staatsrechtslehrer*, caderno n. 3, Berlin e Leipzig, 1927, Walter de Gruyter & Co., p. 63 e, especialmente, pp. 90 e segs.; Wolfgang Polland, Steuerrecht und Privatrecht, Verlagsbuch handlug des Instituts der Wirtschafsprüfer GmbH, Düsseldorf, 1960, pp. 23 e segs.; J.L. Ruedin, *Der Begriff des Eigentums im*

Schweizerischen Steuerrecht, Verlag von H.R. Sauerländer & Co., Aaran, 1935, pp. 18 e segs.; H. Schuttevâer, "Zur Frage der Auslegung von Steuergesetzen in Deutschland und in den Niederlanden", *in Bulletin form International Fiscal Documentation*, 1961, vol. XV, n. 4, p. 193; n. 5, p. 257; n. 6, p. 321; Marcel Wurlod, *Forme Juridique et Realité Économoque dans l'Application des Lois Fiscales*, Lausanne, Librairie F. Rouge, 1947, *passim* e, especialmente, a partir da p. 70: Ezio Vanoni, *Natura e Interpretazione delle Leggi Tributarie*, reeditado em E.Vanoni, *Opere Giuridiche, a cura di Francesco Forte e Cesare Longobardi*, Milão, Giuffrè, 1961, vol.1, especialmente a partir da p. 157, ou, na tradução pera o português, feita por Rubens Gomes de Sousa, sob o título *Natureza e Interpretação das Leis Tributárias*, Ed. Financeiras, especialmente pp. 181 e segs.; Dino Jarach, *Principi per l'Applicazione delle Tasse di Registro*, Cedam, Pádua, 1936, XV, pp. 41 e segs.; *idem, El Hecho Imponible*, cit., pp. 127 e segs.; Antonio Uckmar, *La Legge del Registro*, 3ª ed., Cedam, Pádua, 1949, livro primeiro, pp. 182 e segs.; Antonio Berliri, *Leggi del Registro*, 3ª ed., Milão, Giuffrè, 1952, pp. 111 e segs.; Benvenuto Griziotti, "L' Interpretazione Funzionale delle Leggi Finanziarie", *in Saggi sul Rinnovamento dello Studio della Scienza delle Finanze e del Diritto Finanziario*, Milão, Giuffrè, 1953, pp. 417 e segs.; *idem*, "Lo Studio Funzionale del Fatti Finanziari", *in Studi di Scienza delle Finanze e Diritto Finanziario*, Milão, Giuffrè, 1956, vol. II, p. 157; Aster Rotondi, "Spigolature di Giurisprudenza in Rapporto alla Cosidetta Interpretazione Funzionale delle Leggi Tributarie", *in Archivio Finanziario*, vol. II, p. 447; Camille Scailteur, "In Dubio contra Fiscum", *in Rivista di Diritto Finanziario e Scienza delle Finanze*, 1952, ano XI, n. 9, p. 334; Georges Morange, "L' Interpretation des Lois Fiscales", *in Revue de Science et de Legislation Financières*, 1951, n. 4, p. 638, ou em tradução, na *RDA*, vol. 32/38; Horácio A. Garcia Belsunce, *La Interpretación de la Ley Tributaria*, Abeledo-Perrot, especialmente, pp. 49 e segs.; José Larraz, *Metodologia Aplicativa del Derecho Tributario*, Ed. Revista del Derecho Privado, Madri; Adolfo A. Amaya, *La Interpretación de las Leyes Tributarias*, Ed. Arayú, Buenos Aires, pp. 13 e segs.; Fernando Sáinz de Bujanda, *Hacienda y Derecho*, Instituto de Estudios Políticos, Madri, 1955, pp. 442 e segs.; Louis Trotabas, "A Interpretação das Leis Fiscais", trad., *in RDA*, vol. I/38; *idem*, "Ensaio sobre o Direito Fiscal", *RDA*, vol. 26/34; Francisco de Souza Matos, "A Interpretação da Lei Tributária e a Analogia", *RDA*, vol. 21/14; François Gény, "O Particularismodo Direito Fiscal", *RDA*, vol. III, p. 59; Gabriel Giampietro Borrás, "La Teoria Autonómica del Derecho Tributario", *in Revista de la Facultad de Derecho y Ciências Sociales*, Montevidéu, 1957, ano VIII, n. 1 e 2, p. 45; Carlos M. Giuliani Fonrouge, "Alcance y Perspectivas de la Autonomia del Derecho Tributario", *in Revista de la Facultad de Derecho y Ciencias Sociales*, 1957, ano VIII, n. 1 e 2, p. 99; Antonio José Brandão, "Interpretação das Leis-Fiscais", *in RDA*, vol. 33/67; Carvalho Pinto, "Hermenêutica das Leis Fiscais", *RF*, vol. 87/642; Rubens Gomes de Sousa, "Conteúdo Econômico e Forma Jurídica na Interpretação do Direito Tributário", *in Anuário da Faculdade de Ciências Econômicas e Administrativas da Universidade de São Paulo*, 1949/1950, p. 173; Moacyr Lôbo da Costa, "A Analogia no Direito Tributário", *in RDA*, vol. 35/28; Amilcar de Araújo Falcão, *Introdução*, cit., p. 81; Bilac Pinto, *Estudos de Direito Público*, Ed. Forense, 1953, p. 55 e, especialmente, pp. 72 e segs.; Carlos da Rocha Guimarães, verbete "Direito Tributário – Direito Fiscal", no *Repertório Enciclopédico do Direito Brasileiro*, dirigido por J. M. de Carvalho Santos, Ed. Borsoi, Rio de Janeiro, vol. XVIII, p. 18. Ainda tratam da matéria, necessariamente, as obras gerais de Direito Tributário, cuja indicação consideramos dispensável.

Na segunda hipótese, a da enumeração meramente exemplificativa, o problema será igualmente de hermenêutica; incumbirá ao intérprete, pela síntese ou reunião dos caracteres comuns subjacentes nas enunciações da exemplificação legal, encontrar o conceito geral a que o legislador pretende fazer alusão.

Nem sempre é fácil a tarefa de concretamente saber quando se está em presença de uma enumeração exemplificativa ou de uma enumeração taxativa.

A distinção entre uma e outra espécie de enumerações far-se-á, em cada caso, tendo em vista as enunciações formuladas pelo legislador. Em geral, são mais reduzidas as enumerações *taxationis causa* e mais amplas as enumerações *exemplificationis causa.*

É tal circunstância um indício que, todavia, pode assim não se apresentar em todos os casos. O critério a ser seguido pelo intérprete é o de verificar se entre os conceitos enunciados há elementos comuns capazes de, no seu conjunto, permitirem a formulação de um conceito geral mais amplo: se assim ocorrer, a enumeração considerar-se-á exemplificativa. Inversamente, se entre os conceitos citados pelo legislador se apresentarem elementos diferenciais que denotem ser exclusiva a indicação, a enumeração entender-se-á taxativa.[45]

Em qualquer hipótese, na lei tributária estará a caracterização do fato gerador. O hermeneuta indicará apenas, inclusive através da impropriamente chamada interpretação extensiva, a intenção do legislador, confrontando a edição léxica da norma com os aspectos lógico e sistemático desta última, a fim de colher a verdadeira *mens legis.*

---

45. Cf. Amilcar de Araújo Falcão, *Introdução ao Direito Tributário,* cit., pp. 90 e segs.; cf. especialmente A. Berliri, *Principi,* cit., 1952, vol. I, pp. 77 a 79 e, nessa última página, o critério mencionado: "Normalmente, elementi favorevoli per ritenere esemplificativa l'elencazione sono l'abbondanza dei casi contemplati e l'appariscenza dell 'elemento comune che permette di riunirli in un unico gruppo, di classificarli in una sola categoria; elementi, invece, per ritenere tassativa l'enumerazione sono: la limitatezza dei casi elencati, la specificazione di elementi secondari che nulla hanno a che vedere con l'elemento comune che si può rintracciare in essi, l'indeterminatezza o comunque la scarsa appariscenza di tale elemento comune".

Estão superadas hoje as objeções que outrora eram feitas à interpretação extensiva da lei tributária: esta última, segundo o entendimento dominante em nossos dias, comporta, como qualquer outra lei, todo e qualquer processo de interpretação.

É, aliás, inobjetável tal conclusão. Interpretar uma lei[46] é declarar-lhe o sentido, o alcance. Não há, na interpretação, qualquer atividade criadora ou inovadora. A atividade intelectual do exegeta é meramente declaratória: ele declara o que se contém na lei, entendida esta racional, lógica ou sistematicamente e feitas, portanto, as necessárias correções de eventuais deficiências léxicas do texto.

Na chamada interpretação *extensiva,* como na restritiva, em verdade, ocorre apenas uma declaração do verdadeiro sentido da norma, cuja dição seja defeituosa ou inequivalente à *mens legis,* a propósito, afirma-se que o legislador disse menos (*minus dixit quam voluit*) ou disse mais do que efetivamente quis (*plus dixit quam voluit*).[47-48]

---

46. Interessa à exposição apenas o problema da interpretação da lei. Por isso, omite-se a alusão aos demais atos jurídicos; a eles, entretanto, são aplicáveis as mesmas conclusões apresentadas no texto.

47. Em Direito Tributário, diferentemente do que ocorre em Direito Penal, nenhuma norma jurídica existe restringindo os métodos de interpretação a serem empregados. Essa observação, entre outros, é feita por Morange, com apoio em Trotabas, e por Giuseppe Spinelli. Diz o primeiro, *Revue,* cit., p. 640: "A vrai dire, selon la réflexion si juste du Prof. Trotabas: 'La seule chose certaine, c'est qu'aucune disposition de la loi écrite ne prescrit, en Droit français, une méthode d'interprétation particulière pour les lois fiscales...' (L. Trotabas, article précité, p. 101). Il en résulte qu'en Droit français, où la hiérarchie des textes possède, depuis la Révolution, un fondement essentiellement organique, et accessoirement formal, c'est la recherche de la volonté du législateur qui doit être la règle suprême de l'interprète, étant bien entendu que la volonté exprimée dans une disposition particulière pourra être éclairée par l'esprit général de la loi ou du système juridique dont elle fait partie intégrante (F. Gény, *Méthode d'Interprétation et Sources en Droit Privé Positif,* 2ª ed., tomo I, pp. 266 e 289). Aucune distinction n'est à établir, de ce point de vue, entre le Droit Fiscal et les autres disciplines juridiques. La méthode que doit suivre l'interprète découle de cette observation fondamentale". Giuseppe Spinelli, *La Repressione delle Violazioni delle Legi Finanziarie nella Scienza e nel Diritto,* Milão, Giuffrè, 1947, 2ª ed., p. 47, formula observações idênticas, ao dizer que "l'interpretazione non può essere che comune a tutte le altre leggi, mancando nel nostro sistema una norma specifica per la interpretazione del Diritto Tributario"; acrescentando, mais adiante: "L' interpretazione delle leggi tributarie non può essere, quindi, che quella di ogni altra legge, salva la interpretazione restritiva per quelle disposizioni di carattere singolare o per oggetto o per persona, che le leggi stesse possono contenere; senza peraltro che tali norme di eccezione possano far degradare l'intera legge, in cui sono contenute, in legge eccezionale".

48. Vide arts. 107 a 112 do CTN – (Interpretação e Integração da Legislação Tributária). (Tatiana Falcão)

Ao asseverar-se que na lei tributária há de estar caracterizado o fato gerador, de modo nenhum se estará olvidando que a identificação, a revelação, a declaração de tais característicos legais pode ser obtida através da chamada interpretação extensiva.

10. Interpretação econômica

Não é essa a oportunidade de discutir o problema da chamada interpretação econômica da lei tributária.

Cumpre observar, no entanto, que tal método exegético não acarreta violação ao requisito da legalidade de que nos estamos ocupando.

Depurada de excessos e impropriedades, que se encontram em certos autores, a chamada interpretação econômica da lei tributária consiste, em última análise, em dar-se à lei, na sua aplicação às hipóteses concretas, inteligência tal que não permita ao contribuinte manipular a forma jurídica para, resguardado o resultado econômico visado, obter um menor pagamento ou o não pagamento de determinado tributo.[49]

Identificar, na alusão feita pelo legislador fiscal a determinado ato, negócio ou instituto jurídico para a definição do fato gerador, o intuito de caracterizar, através de uma forma elíptica, a relação econômica subjacente – essa a tarefa da interpretação econômica da lei tributária: ao intérprete, em cada hipótese concreta, incumbirá ater-se à *intentio facti* ou intenção empírica e, assim, se for o caso, concluir pela incidência do tributo toda vez que ficar demonstrada a propositada alteração da *intentio juris* correspondente, a utilização de forma jurídica não típica ou atípica em relação ao fim visado (*Typisierungstheorie*), o abuso da forma jurídica, para empregar a expressão germânica (*Missbrauch von Formen und*

49. A contrário senso, vide arts. 85, 136 e 275 da Instrução Normativa RFB 2.110/2022. Disponível em: https://encurtador.com.br/mBEO7 Acesso em: 30 ago. 2023. (Tatiana Falcão)

Gestaltungsmöglichkeiten des bürgerlichen Rechts), abuso, forma atípica ou alteração de intenção jurídica concretamente só explicáveis pelo desejo de lograr uma vantagem fiscal, a do não pagamento, a do adiamento do pagamento ou a da redução do pagamento do tributo.[50]

Não cumpre antecipar considerações que serão oportunas em outro capítulo.

Fica, porém, registrado que o método da interpretação econômica é perfeitamente adequado ao princípio da legalidade em matéria de fato gerador.

Tem sido asseverado, com propriedade, que, ao invés de contrapor-se àquele postulado da reserva da lei, o método em cogitação é dele uma consequência. Assim o afirmamos nós, em trabalho anterior:

> Verdadeiramente, o que aí existe é a recíproca do dever de legalidade a que está sujeita a própria administração: se o esquema legal da tributação é vinculante para o Estado, não há por que deixar de sê-lo para o contribuinte. Há uma decisão da Corte Suprema norte-americana em que isso é dito de modo magistral: "To hold otherwise would permit the schemes of taxpayers to supersede the legislation in the determination of time and manner of taxation".[51]

---

50. Nesta temática, vale ressaltar a figura do planejamento fiscal ou planejamento tributário, figura viabilizada principalmente pelo princípio da livre-iniciativa insculpido no art. 170 da CF/88.
O planejamento tributário é definido como sendo "uma atividade ou uma técnica de prospecção de alternativas de redução da carga tributária suportada pelas pessoas ou pelas empresas, sempre em consonância com o ordenamento jurídico em vigor. Trata-se de um (i) 'instrumento' e como 'mecanismo pedagógico', a fim de organizar do modo 'mais eficaz e legítimo o negócio pretendido', bem como (ii) 'mecanismo de prevenção de conflito', possibilitando ao operador antever consequências jurídicas a serem dadas pelo ordenamento". (ANDRADE, Leonardo Aguirra; SILVA, Rômulo Cristiano Coutinho da; PITMAN, Arthur Leite da Cruz; BRAGA, Rinaldo Leon Gomes Pereira. *Fundamentos do planejamento tributário*. São Paulo: Atlas, 2023, p. 780 – *ebook*).
Se por um lado, o Fisco estava com a tese de que planejamento tributário é abusivo, no seu empenho de sempre recolher mais e mais valores, o STF houve por bem declarar constitucional o parágrafo único do art. 116 do CTN – ADI 2.446 Disponível em: https://encurtador.com.br/elrW6 Acesso em: 01 set. 2023. (Tatiana Falcão)

51. Cf. Amilcar de Araújo Falcão, *Introdução ao Direito Tributário,* cit., p. 135; Dino Jarach, *El Hecho,* cit., pp. 67 e 68. O julgado indicado foi proferido no caso Higgins

11. Integração analógica

Resta mencionar um último desdobramento ou aspecto do princípio da legalidade em matéria de fato gerador. Trata-se do problema da integração da lei tributária por analogia.[52]

Existe divergência a propósito, entre os autores. Opinam alguns que a aplicação analógica, por eles incorretamente denominada de interpretação analógica, é sempre possível; por isso que analogia, no seu entender, conduz, apenas, como quer Vanoni, "à descoberta de uma proposição jurídica latente".[53] Entendem outros que importa distinguir a analogia por compreensão, da analogia por extensão: a primeira seria admissível em Direito Tributário e não assim a segunda.[54]

---

vs. Smith, em janeiro de 1940, e está mencionado por Jarach, *El Hecho,* cit., nota 86 ao pé da p. 68.

52. Vide art. 108, I, § 1°, do CTN:
Art. 108. Na ausência de disposição expressa, a autoridade competente para aplicar a legislação tributária utilizará sucessivamente, na ordem indicada:
I - a analogia;
(...)
§ 1°. O emprego da analogia não poderá resultar na exigência de tributo não previsto em lei. (Tatiana Falcão)

53. Cf. E. Vanoni, *Natureza,* cit., trad., pp. 323 e 324, ou *Opere Giuridiche,* cit., vol. I, p. 291: "Il corretto uso dell'interpretazione analogica porta alla scoperta di una proposizione giuridica latente, di una norma posta dal legislatore non in modo diretto, bensì indirettamente attraverso l'applicazione di essa alla regolamentazione di ipotesi particolari o di un gruppo di ipotesi. Risalendo dalla speciale applicazione alla norma generale, si giunge a farne uso anche nella disciplina di casi che non furono presenti nella coscienza del legislatore, che creò la legge, ma che concettualmente rientrano sotto la stessa *ratio,* che inspirò la norma da estendersi analogicamente. Non si dà allora creazione di nuovo diritto, ma rivelazione dell'intera intima potenza di una norma indirettamente contenuta nella legge". Quanto à analogia em Direito Tributário, cf. ainda, no mesmo sentido, Louis Trotabas, *A Interpretação...,* cit., p. 5 ("parece-me, com efeito, indispensável reconhecer o emprego possível da analogia pelo juiz fiscal"); Antônio José Brandão, op. cit., pp. 80 e 81; Griziotti, *Saggi,* cit., p. 426 ("sostenni... l'uso dell'applicazione analogica e, especialmente, in consequenza della necessitá di adattare le leggi a casi non previsti, anche la cosidetta *interpretatio abrogans* del diritto romano o, per meglio dire, interpretazione adeguatrice") e *Principios de Política, Derecho y Ciencia de la Hacienda,* trad., Ed. Reus, Madri, 1ª ed., pp. 252, 257 e 258; Gustavo Ingrosso, *Diritto Finanziario,* 2ª ed. revista, Nápoles, Casa Editrice Dott Eugenio Jovene, 1956, p. 262.

54. Cf. Rubens Gomes de Sousa, "Curso de Introdução ao Direito Tributário", *in Revista de Estudos Fiscais* (de São Paulo), novembro de 1948, ano II, n° 11, pp. 465 e

Não se afiguram corretos ambos os pontos de vista. Padecem eles de uma deficiência fundamental, que é a de confundir a analogia, forma de integração da lei, com a interpretação. Sobre a diversidade entre interpretação e integração da lei, oportuna é a lição de M. S. Giannini:

> In questi casi però l'uso della parola interpretazione è dei tutto scorretto: siamo in presenza di un concetto diverso dall'interpretazione, che in Germania da lungo tempo si suol chiamare Ergänzung, e in Italia, da alcuni autori, integrazione.[55]
>
> In sostanza l'integrazione è l'operazione in cui si cerca una proposizione giuridica, onde completare una volontà insuficientemente formata o manifestata; il contenuto di tale proposizione si fissa mediante vari strumenti, che si possono denominare *mezzi d'integrazione.*È questa la differenza fondamentale dall'interpretazione, che consiste nell'intendere la portata giuridica di una volontà, ed è recettiva, essendo invece l'integrazione il completamento di un atto insufficiente nei rispetti dell'elemento volontà, cioè innovativa. Spetta all'interprete ravvisare i limiti entro cui si

---

466; *idem, Preleções de Direito Tributário,* 1957 (texto mimeografado de curso ministrado em 1955 na Faculdade de Direito da Universidade de São Paulo), p. 37; *idem, Compêndio de Legislação Tributária,* Ed. Financeiras, 1ª ed., p. 55. O pensamento do eminente professor paulista está assim expresso na obra e local por (último citados: "Entretanto, é preciso distinguir entre a analogia por extensão e a analogia por compreensão: a primeira é a que, partindo de um texto de lei, cria uma norma jurídica nova e a aplica a uma situação diferente da prevista na lei; a segunda é a que, partindo de um texto da lei, faz incluir nele as situações análogas, embora não expressamente referidas no texto. Por conseguinte, a analogia por extensão não é admissível no Direito Tributário, porque implica criar tributos sem lei, o que, como já vimos, é proibido até mesmo pela Constituição. Ao contrário, a analogia por compreensão é admissível, porque não cria direito novo mas apenas completa o alcance do direito existente: aliás, se rejeitássemos esta forma de analogia, voltaríamos a exigir que a lei tributária enumerasse expressamente todos os casos" (convém observar que na 3ª ed. do mesmo *Compêndio,* Parte Geral, 1960, p. 61, as expressões analogia por extensão e analogia por compreensão foram substituídas por interpretação extensiva e interpretação analógica; a conclusão alcançada parece entretanto, mais inaceitável do que a que se encontra na edição primitiva da obra). No mesmo sentido, cf. Francisco de Souza Matos, "A Interpretação da Lei Tributária e a Analogia", *in RDA*, vol. 21/20; embora sem usar as mesmas expressões de idêntico sentir é Mario Pugliese, *Instituciones de Derecho Financiero -Derecho Tributário,* trad. Fondo de Cultura Econômica, México, pp. 13 e 124.

55. Cf. *L' Interpretazione dell'Atto Amministrativo e la Teoria Giuridica Generale dell'Interpretazione,* Milão, Giuffrè, 1939, XVII, p. 86.

> estende una volontà giuridica, e a colui che compie l'integrazione, ove necessiti, ampliarli.[56]

Não menos incisivo é o pronunciamento de Francesco Carnelutti:

> Ponto assente é que, quando se fala de analogia, não há norma, nem preceito. Se houvesse norma ou preceito, seria excluído o pressuposto da deficiência. Não se tem, pois, que interpretar o que disse o legislador para se conhecer o seu verdadeiro pensamento, mas sim que adivinhar o que é que ele teria dito se tivesse previsto o caso. Assim se delineia, desde já, claramente, a diferença entre analogia e interpretação: esta serve para conhecer o que o legislador pensou; aquela, para conhecer o que ele teria pensado. A interpretação extensiva, cujos termos são *ominus dictum* e o *magis cogitatum,* é o último degrau que dá da interpretação para a analogia, mas não é ainda analogia. Esta última, como está a dizer este termo feliz, vai além, aná, do pensamento do legislador, logos. Mas, se a nova norma não foi formada, ou antes, pensada pelo legislador, não se pode deixar de admitir que é um fruto da atividade do intérprete. Em face disto, quando foi posta a questão de saber se a analogia é ou não é função criadora de direito, teria sido suficiente fugir a raciocínios vagos para se ser obrigado a responder afirmativamente. Já se reconheceu que até com a simples declaração (*accertamento*) se cria direito. Ora, analogia vai mais longe, porquanto serve para formar não um comando complementar de um comando já existente, mas sim um comando novo.[57]

Se se levar em conta essa distinção inevitável e substancial entre analogia e interpretação, não haverá como fugir à conclusão de que é impossível, pela via de integração analógica, chegar-se à identificação do fato gerador. Sim, porque de outro

---

56. 23. Op. cit., p. 87. Sobre a diversidade entre integração em geral, ou analogia em particular e interpretação da lei, cf. Eduardo Espínola, *Sistema do Direito Civil Brasileiro,* 3ª ed., Livraria Francisco Alves, 1938, vol. I, p. 204; Carlos Maximiliano, *Hermenêutica e Aplicação do Direito,* Ed. Freitas Bastos, 1947, 4ª ed., p. 262; Alípio Silveira, verbete "Analogia", *in Repertório Enciclopédico do Direito Brasileiro,* dirigido por J. M. de Carvalho Santos, Ed. Borsoi, Rio de Janeiro, vol. 30, pp. 224 e segs. e, quanto ao Direito Tributário, pp. 248 a 251; Heilfron, *Lehrbuch des Bürgerlichen Rechts,* 1912, Felix Speyer Verlag, 5ªed., vol. I, p. 43.

57. Cf. *Teoria Geral do Direito,* Armênio Amado Editor, Coimbra, 1942, trad., pp. 174 e 175.

modo não estaria preenchido o requisito da legalidade do fato gerador, ou melhor, da previsão deste em lei tributária.[58]

Não altera tal modo de entender a circunstância de certas leis tributárias expressamente se referirem à analogia, quando cogitam de caracterizar o fato gerador.

Estão nesse caso a lei italiana do registro, em seu art. 8º (lei de 30 de dezembro de 1923, n. 3269), a nossa tarifa das alfândegas, em seu art. 12 (lei n. 3244, de 14 de agosto de 1957) etc.[59-60]

Haverá, porém, integração analógica em tais hipóteses?

Parece-nos que não. Em primeiro lugar, na maioria dos casos, falando embora em analogia, o legislador, na verdade, quis significar ser exemplificativa a enumeração por ele feita. A nossa tarifa das alfândegas, no dispositivo mencionado, assim poderá ser entendida: em seu art. 12 se quis admitir, para fins de classificação de mercadorias, a interpretação extensiva

58. A conclusão que adotamos é a predominante em doutrina: Cf. A. D. Giannini, *Istituzioni di Diritto Tributario,* 8ª ed., Milão, Giuffrè, 1960, p. 20; *idem I Concetti Fondamentali del Diritto Tributario,* Utet, 1956, p. 44; Dino Jarach, *El Hecho,* cit., p. 128; A. Berliri, *Principi,* cit., vol. I, pp. 56 e 57, 62, e 83 a 91; Ernst Blumenstein, *System,* cit., p. 18; Benedetto Cocivera, *Principi di Diritto Tributario,* Milão, Giuffrè, 1959, vol. I, pp. 74 a 79 etc. O fundamento pelo qual se alcança tal conclusão não é sempre o mesmo, entretanto; para a maioria dos autores, o motivo pelo qual a integração analógica é inaceitável reside, consoante afirmado no texto supra, no princípio constitucional da legalidade dos tributos; certos autores, no entanto, como é o caso de M. S. Giannini e Benedetto Cocivera, entendem que o óbice à integração analógica da lei tributária está na ciscunstância de tratar-se de norma que indica fatos ou pressupostos exclusivos, ou melhor, reproduzindo o pronunciamento de Cocivera, op. cit., pp. 77 e 78: "Ma a parte questi motivi di dissenso ci sembra che, combinando le due tesi, si possa trarre un critério sicuro in tema di integrazione delle leggi tributarie. L' applicazione delle norme che determinano gli oggetti delle imposte è vietata, ma non per la ragione adotta da A. D. Giannini, ma perchè queste norme sono a 'fattispecie esclusiva', come ha precisato M. S. Giannini, e come tali non sono suscettibili di applicazione analogica."

59. O *caput* do art. 12 da tarifa das alfândegas é do seguinte teor: "A mercadoria não compreendida em nenhuma posição da tarifa será assemelhada àquela com que tiver maior analogia." O art. 80, 2ª parte, da lei italiana do registro soa do modo seguinte: "Un atto che, per la sua natura e per i suoi effetti, secondo le norme stabilite nell'art. 4, risulti soggetto a tassa progressiva, proporzionale o graduale, ma non si trovi nominativamente indicato nella tariffa, é soggetto alla tassa stabilita dalla tariffa per l'atto col quale per la sua natura e per i suoi effetti ha maggiore analogia."

60. A Lei 3.244/57 teve sua redação alterada pela Lei 14.286/2019. (Tatiana Falcão)

da tarifa, de modo a encontrar a posição correspondente a um produto expressamente não mencionado.

É comum, aliás, como assinalam os autores, essa confusão entre interpretação extensiva e analogia. Basta ver que aqueles fiscalistas que se referem à analogia por compreensão na verdade estão aludindo à hipótese de interpretação extensiva.[61]

Na maioria dos casos, pois – e assim acontece na mencionada tarifa das alfândegas – a conclusão a que chegamos – contrária à possibilidade da caracterização ou conceituação do fato gerador mediante integração analógica – permanece inalterada: trata-se, em tais casos, de interpretação extensiva e não de aplicação analógica.[62]

12. Analogia, fato gerador supletivo e "cláusula geral"

É certo existirem casos aos quais a ideia de interpretação extensiva não poderia aplicar-se.

Não obstante, entendemos que, mesmo nessas hipóteses marginais, ao fazer expressa alusão à analogia em tema de identificação do fato gerador, o legislador não estará autorizando a integração analógica.

É o que pode ocorrer com aquelas disposições destinadas a combater a evasão e que, para tanto, estabelecem ao lado do fato gerador típico as chamadas "cláusulas gerais"[63] e os denominados fatos geradores supletivos, suplementares, sucedâneos ou sub-rogatórios *(Ersatztatbestände)*?[64]

61. Cf. autores citados na nota 28, *retro.*

62. Cf. A Berliri, *Principi,* cit., vol. I, p. 89; Amilcar de Araújo Falcão, *Introdução,* cit., p. 107.

63. Sobre as "cláusulas gerais", cf. E. Blumenstein, *Gegenseitige Beziehungen,* cit., pp. 228 a 230-a; Alberto Hensel, *Diritto Tributario,* Milão, Giuffrè, 1956, trad., p. 144.

64. Sobre o conceito de *Ersatztatbeständen,* cf., E. Blumenstein, *Gegenseitige Beziehungen,* cit., p. 227-a, ao referir-se às medidas legislativas capazes de obstar à evasão tributária (*Steuerumgehung*): "Constitui um processo para obstá-la a instituição dos chamados fatos geradores supletivos (*Ersatztatbeständen*). Estes consistem em que,

Seria contraditório admitir-se a existência de analogia ou de aplicação analógica quando o legislador, exatamente para eliminar lacunas e omissões, caracterizasse as hipóteses de incidência mediante a indicação de fatos geradores típicos e, genericamente, de outros tantos fatos análogos ou similares àqueles por certos traços de ordem jurídica, econômica etc.

Não há falar em analogia onde não existem lacunas ou omissões da lei: é a observação muito pertinente que A. Berliri, tratando do art. 8º da já citada lei italiana do registro, faz a propósito.[65] Se a lei é expressa quanto ao fato gerador, quer na sua conformação típica, quer na sua formulação mais ampla através de uma cláusula geral ou de fatos sub-rogatórios ou supletivos (*Ersatztatbestände*), impertinente será cogitar de interpretação analógica.

Com essas observações, reafirma-se a conclusão, aliás predominante em doutrina, de ser inadmissível, para definir ou identificar o fato gerador, o recurso à integração analógica da lei tributária.[66] Esse entendimento não se altera mesmo naqueles casos em que, caracterizando o fato gerador, a própria lei tributária alude à analogia: cogitar-se-á, então, ou de simples interpretação extensiva, ou do estabelecimento de fatos geradores sub-rogatórios ou supletivos (*Ersatztatbestände).*

---

tendo o legislador descrito precisamente o fato gerador da obrigação tributária, indica, no entanto, desde logo, para a hipótese de vir a faltar um determinado elemento essencial (*Tatbestandmerkmal*) daquele, um outro fato gerador, cuja realização deve originar o mesmo efeito jurídico que corresponderia à realização do primeiro. Estes fatos geradores substitutivos se relacionam em regra com o fato gerador da obrigação tributária (*Steuerobjekt*), de modo que àquele, preferentemente indicado, se agrega ou substitui um outro evento ou estado, que conduz à mesma tributação correspondente ao que, para cuja realização, falta um elemento essencial. Também no que respeita ao aspecto subjetivo da obrigação tributária podem ocorrer fatos substitutivos (*Ersatztatbestände*), no sentido de que junto ao primitivo sujeito passivo outras pessoas podem ser designadas para responder pelo tributo, ao caso daquele primeiro não cumprir com as suas obrigações. Enfim, admite-se também a substituição de qualquer dos elementos constitutivos do fato gerador (*Konstitutiver Tatbestandmomente*); cf., em termos idênticos, o mesmo E. Blumenstein, *System*, cit., p. 23; A. Hensel, *Diritto*, cit., p. 143; Amilcar de Araújo Falcão, *Introdução ao Direito Tributário*, cit., pp. 107 e 108.

65. Cf. A Berliri, *Principi*, cit., vol. I, pp. 88 e 89.

66. Cf. quanto à nossa jurisprudência: *RDA*, vol. 15/129; *RF*, vol. 92/206 e 135/455 etc. Quanto à doutrina, ver entre outros os autores mencionados na nota 32, *retro*.

13. Autorização orçamentária

Em capítulo ulterior, estudar-se-á, como sendo uma das características essenciais do fato gerador, o efeito jurídico específico que ele se destina a produzir, qual o de ocasionar o surgimento da obrigação tributária principal.[67]

Não estaria completa, entretanto, a apreciação do requisito da legalidade ou da previsão em lei do fato gerador se não se fizesse uma advertência quanto a princípio inserido em certos ordenamentos jurídicos e, especialmente, no nosso diploma constitucional: trata-se do chamado princípio da anualidade dos tributos.[68-69]

---

67. Ver adiante, no texto, item 28 e segs.

68. Aludindo, dessa forma, ao denominado princípio da *anualidade dos tributos*, Falcão, na 1ª edição (Rio, Edições Financeiras, 1964, p. 55), explicitamente se referia, nesse ponto, ao art. 141, §34, 2ª parte, da Constituição de 1946. Na conformidade, porém, do que dispõe o art. 150, n. III, alínea *b*, da Constituição de 1988, para a cobrança do tributo no exercício financeiro imediatamente seguinte ao em que esse tenha sido instituído ou aumentado posteriormente à aprovação do orçamento fiscal, impõe-se apenas que a lei que o tenha instituído ou aumentado, tenha sido *publicada* no exercício anterior (*princípio da anterioridade*). Essa vedação, contudo, não se aplica: *a)* aos impostos sobre importação, exportação, produtos industrializados e operações de crédito, câmbio e seguros, ou relativas a títulos ou valores mobiliários, assim como aos instituídos (ou aumentados) na iminência ou no caso de guerra externa (art. 150, § 1º); e *b)* às contribuições sociais, que só poderão ser exigidas após decorridos noventa dias da data da publicação da lei que as houver instituído ou modificado (art. 195, § 6º).
Nos exercícios subsequentes ao em que o tributo tiver sido instituído ou aumentado, e a despeito de não existir na Constituição de 1988 regra que (formalmente) corresponda ao princípio antes consagrado no art. 141, § 34, 2ª parte, da Constituição de 1946 (assim como ao art. 150, § 29, da Constituição de 1967, ou ao art. 62 da Emenda Constitucional n. 1, de 1969), a cobrança do tributo continua, em cada exercício, em decorrência, principalmente, do princípio da *anualidade orçamentária* (Constituição de 1988, art. 165, n. III, e §§ 5º, 8º e 9º, n. I), subordinada, tal como antes, à *prévia autorização orçamentária,* mediante a inserção nominal da receita tributária, pela referência à lei ou às leis que a regulam, no orçamento anual. Vide sobre o ponto, amplamente, Flávio Bauer Novelli, "Anualidade e Anterioridade na Constituição de 1968", *in Rev. de Direito Tributário,* n. 51 (1990), pp. 62 e segs. Anteriormente à Constituição de 1988, vide do mesmo autor, "O Princípio da Anualidade Tributária", *in RF*, 267/75, e *RDA,* 137/1. (Nota do Atualizador).

69. O princípio da anualidade não se aplica às seguintes espécies tributárias: empréstimos compulsórios; imposto de importação (II); imposto de exportação (IE); imposto sobre produtos industrializados (IPI); operações de crédito, câmbio e seguro, ou relativas a títulos ou valores imobiliários; impostos extraordinários (em caso de guerra externa).

Com ressalvas, dispõe a Constituição brasileira que nenhum tributo será cobrado em cada exercício sem prévia autorização orçamentária.[70]

Isso equivale a dizer que em cada exercício somente poderão ser arrecadados os tributos criados ou disciplinados por lei anterior ao exercício correspondente.[71]

A autorização orçamentária, porém, não se relaciona com o fato gerador, no sentido de constituir elemento ou requisito normativo para a sua formação ou integração.

O princípio da anualidade só indireta ou remotamente teria que ver com o fato gerador: é que constitui a prévia inclusão do tributo na lei de meios apenas um requisito de eficácia ou um ato-condição[72] para a aplicação da lei tributária, no que diz respeito à competência das autoridades administrativas

---

Quanto à exportação e sua importância para a balança comercial brasileira, houve por bem o STJ editar a Súmula 649: "Não incide ICMS sobre o serviço de transporte interestadual de mercadorias destinadas ao exterior".
Pelos atuais termos da Reforma Tributária (EC 132/2023), a extinção do IPI está prevista para o ano de 2027. (Tatiana Falcão)

70. Acerca de autorização orçamentária, sugere-se a leitura da EC 113/2021, conhecida já na época em que era projeto como "PEC do Calote". Disponível em: https://encurtador.com.br/mxU37 Acesso em: 05 set. 2023. (Tatiana Falcão)

71. Se bem que predominante em doutrina, não é essa conclusão sempre acolhida pela jurisprudência. Quanto à melhor doutrina e à jurisprudência, cf. Aliomar Baleeiro, *Limitações Constitucionais,* cit., pp. 24 e segs., 46 e 48 a 92. Sobre o debate em torno da matéria, cf. Gilberto de Ulhoa Canto, *Temas de Direito Tributário,* Ed. Financeiras, 1955, pp. 399 e segs.; Rubens Gomes de Sousa, *Estudos de Direito Tributário,* cit., p. 269, ou *RF,* vol. 123/369 e segs.; João Mangabeira, parecer *in RDA,* vol. 16/306 e segs.; Francisco Campos, parecer *in RDA,* vol. 14/467 ou seu *Direito Constitucional,* Ed. Freitas Bastos, 1956, vol. 1º, pp. 287 e segs.; Themístocles Brandão Cavalcanti, parecer *in RDA,* vol. 16/299 e segs.; Bilac Pinto, *Estudos de Direito Público,* Forense, Rio, 1953, pp. 189 e segs.; Teotônio Monteiro de Barros Filho, parecer *in RDA,* vol. 15/371, e segs.; Amilcar de Araújo Falcão, *Introdução ao Direito Tributário,* cit., pp. 56 e segs. ou "Il Problema delle Fonti del Diritto Tributario nell'Ordinamento Giuridico Brasiliano", *in Archivio Finanziario,* dirigido por E. Morselli, vol. V, p. 94. O Código Tributário Nacional regula a matéria nos arts. 9°, II, e 104; sobre o critério seguido pela comissão especial que elaborou o Projeto, cf. Relatório do Prof. Rubens Gomes de Sousa, *in Trabalhos da Comissão Especial,* cit., pp. 171 a 173 e 177.

72. Bilac Pinto, *Estudos,* cit., loc. cit., diz por isso mesmo ser a lei tributária uma *lex imperfecta,* afirmativa que é perfeitamente correta no que tange à obrigação tributária principal.

quanto à arrecadação do tributo. A disciplina normativa do fato gerador se esgota na lei tributária; uma vez estabelecida nesta, nada há que lhe acrescentar. A autorização orçamentária tem que ver, isto sim, com a lei tributária e, assim mesmo, quanto ao problema da arrecadação do tributo.[73]

Haja ou não autorização na lei de meios, a previsão na lei tributária preenche o requisito formal para a existência do fato gerador.[74]

Se em um exercício deixar de haver autorização orçamentária quanto a determinado tributo nem por isso será considerada revogada a lei tributária respectiva e, pois, inexistente, cancelado ou incompleto o fato gerador. A ausência de tal autorização obstará apenas a que, ocorrendo concretamente o fato gerador, as autoridades administrativas possam arrecadar o tributo naquele exercício: existirá o fato gerador, mas à lei tributária faltará preencher um requisito de eficácia necessário à arrecadação, à cobrança do tributo.[75-76-77-78-79]

---

73. Vide, no entanto, Flávio B. Novelli, "O princípio da anualidade", cit., *in RF* 267/91, e *RDA*, 137/34. (Nota do Atualizador).

74. Cf. no texto, item 8, *retro*.

75. No que tange à cobrança de tributos, vale registrar a Lei de Execução Fiscal – Lei 6.830/80. Trata-se de lei especial, ou seja, prevalece sobre as disposições da Execução do CPC. (Tatiana Falcão)

76. Nesse exato sentido, o STJ foI compelido a se manifestar, por meio da Súmula 559: "Em ações de execução fiscal, é desnecessária a instrução da petição inicial com o demonstrativo de cálculo do débito, por tratar-se de requisito não previsto no art. 6º da Lei 6.830/80". (Tatiana Falcão)

77. Na seara das execuções fiscais, ainda, é de bom alvitre fazer relevo aos termos da Súmula 314 do STJ, uma vez que tem sido bastante utilizada em prol do princípio da economia processual: "Em execução fiscal, não localizados bens penhoráveis, suspende-se o processo por um ano, findo o qual se inicia o prazo da prescrição quinquenal intercorrente". (Tatiana Falcão)

78. Em matéria de prescrição e decadência, imprescindível é a leitura da obra da Profa. Renata Elaine Silva Ricetti Marques – *Cuso de decadência e de prescrição no direito tributáro* – Regras do direito e segurança jurídica. 5ª ed. São Paulo: Noeses, 2021. (Tatiana Falcão)

79. Da mesma autora ainda, vale a pena conferir: Prescrição intercorrente na visão do STF e o julgamento do RE 636.562-SC. *Conjur* – 12.03.2023. Disponível em: https://encurtador.com.br/yzFK7 Acesso em: 10 set. 2023. (Tatiana Falcão)

Com essa observação, que encerra o estudo objeto do presente capítulo, quisemos deixar claro que a previsão em lei, indicada como elemento essencial para a existência, formação ou constituição do fato gerador, se esgota com a disciplina estabelecida pela lei tributária: portanto, nada tem que ver, do ponto de vista lógico ou sistemático, o fato gerador com o princípio constitucional da anualidade dos tributos.

Capítulo III

FATO ECONÔMICO DE RELEVÂNCIA JURÍDICA

14. Fato jurídico, consistência econômica

É o fato gerador um fato jurídico em sentido estrito. Pode exprimir-se a mesma ideia afirmando não ser ele, para o Direito Tributário, um ato jurídico de conteúdo negocial ou um negócio jurídico.[80]

---

80. Não cabe aqui entrar na controvérsia em torno da teoria do negócio jurídico, nem manifestar preferência quer pela classificação bipartida ou pela classificação tripartida dos fatos jurídicos. Daí, no texto, falar-se, alternativamente, em ato jurídico de conteúdo

negocial ou em negócio jurídico para designar aqueles fatos humanos em que o efeito jurídico é a realização da própria disposição da vontade. Biagio de Giovanni (*Fatto e Valutazione nella Teoria del Negozio Giuridico,* Casa Editrice Dott Eugenio Jovene, Nápoles, 1958), referindo-se à posição dominante entre os pandectistas, diz a propósito do negócio jurídico: "nel negozio l'effeto è la realizzazione del voluto" (p. 51); no negócio, acrescenta De Giovanni, em comentário à tese de Ennecerus, "la volontà dell effeto non appare riducibile alla statica fattispecie, ma in essa se delinea con evidenza un'autonoma capacità ordinante" (cf. op. cit., p. 43). Alfonso Tesauro, *Atti e Negozi Giuridici,* Cedam, Pádua, 1933, p. 89, distingue o ato jurídico propriamente dito do negócio jurídico nos seguintes termos: "atto è una manifestazione di volontà, che abbia, comunque, rilevanza per il diritto, negozio è quella particolare manifestazione di volontà alla quale sono ricollegati effetti giuridici". Enfim, quando no texto se faz menção a atos jurídicos de conteúdo negocial e a negócios jurídicos, indiferentemente, o objetivo é, de tal modo, aludir aos fatos humanos em que o efeito jurídico tem como causa eficiente a vontade dos que dele participam. Quer-se, assim procedendo, distinguir tal hipótese daquela em que o ato interessa apenas pelo seu aspecto descritivo, como pressuposto para que sobre ele incida a valoração ditada pela norma jurídica; já nessa hipótese será o fato tomado, para usar uma expressão consagrada, com uma função simplesmente mediadora ou intermediária entre a norma e o efeito jurídico. Essa verdade, procuram significá-la Cesarini-Sforza e De Giovanni, quando discorrem sobre o significado da velha expressão *ex facto jus oritur,* dizendo o primeiro que "il diritto sorge non col fatto, ma con la qualificazione giuridica del fatto", e acrescentando o segundo que o brocardo "serve ad indicare appunto che la regola giuridica è solo uno del termini di una dialettica, la quale ha come elemento medio il *fatto qualificato;* si è parlato to in questo senso di una funzione mediatrice del fatto, mediatrice cioè del trapasso dall'astratta e generica statuizione della norma alla particolare figura di qualificazione giuridica di uno o più contegni" (cf. De Giovanni, op. cit., pp. 21, 22 e nota 3). Daí as palavras exatas do já tantas vezes citado De Giovanni, com apoio em Von Tuhr e Regelsberger "i fatti non hanno un'autonoma capacità creativa di diritto, ma è l'ordinamento che li prevede e presta (verleiht) loro la capacità di essere a l'origine di dati rapporti; essi rappresentano soltanto l'insieme degli elementi necessari perchè intervenga un effectto giuridico. Nella logica del fatto 'la causalità giuridica è arbitrariamente creata dalla legge" o ciò d'altra parte, è evidente perchè 'Tatsachen und Rechtsfolgen werden von positiven Rechtbestimmt'" (ou seja: Fatos e efeitos jurídicos são determinados pelo direito positivo), cf. op. cit., p. 27. Sobre fato jurídico, ato jurídico e negócio jurídico, cf. entre outros: Erich Danz, *A Interpretação dos Negócios Jurídicos,* trad. port., Saraiva, São Paulo, 1941, pp. 18 a 25; Emilio Betti, "Atti Giuridici", *in Novíssimo Digesto Italiano,* Utet, 1958, vol. 1º, tomo 2º, pp. 1.504 e segs.; *idem, Teoria General del Negocio Juridico,* trad. esp. , Madri, Ed. Revista de Derecho Privado, *passim* e especialmente às pp. 4, 6, 11, 46, 50 a 52; Carlo Maiorca, "Fatto Giuridico – Fattispecie", *in Novissimo Digesto Italiano,* 1961, Utet, vol. VII, pp. 112 e segs.; Matteo Ferrante, *Negozio Giuridico – Concetto,* Milão, 1950, Giuffrè, especialmente pp. 9 e segs.; Pontes de Miranda, *Tratado de Direito Privado,* Parte Geral, 1954, 2ª ed., Borsoi, vol. II, pp. 187, 193 e 450, além de outras passagens; *idem, ibidem,* vol. III, pp. 3 e segs. Uma última observação, de especial interesse para a teoria do fato gerador é que o mesmo fato pode, conforme a maneira como o tome o ordenamento jurídico, ser considerado fato jurídico em sentido estrito ou ato negocial. Eis a propósito o ensinamento de Betti, *Atti Giuridici,* cit., p. 504; "Decisiva, è, per contro, la valutazione del contegno nell'orbita di un dato diritto. Se qui l'ordine giuridico prende in considerazione il contegno dell'uomo in se stesso e, nel trattamento che vi ricollega, valuta tipicamente la coscienza che di solito l'accompagna e la volontà che ne determina l'indirizzo, si dovrà

Uma peculiaridade, entretanto, possui esse fato juridicamente relevante para o Direito Tributário: constituir um critério, um índice ou um indício para a aferição da capacidade econômica ou contributiva dos sujeitos aos quais se atribui. Por outras palavras, em sua essência, substância ou consistência é o fato gerador um fato econômico, ao qual o Direito empresta relevo jurídico.

Entenda-se bem a afirmativa que acabamos de fazer. Não se asseverou aqui, como aliás fazem certos autores, ser o fato gerador, simplesmente, um fato econômico, o que se afiguraria incorreto; sim, por isso que, considerados pelo Direito para que se lhes confiram efeitos ou qualificações juridicamente relevantes, os fatos políticos, econômicos, sociais em geral, ou mesmo os do mundo físico, passam a conceituar-se como fatos jurídicos.

Quis-se assinalar, porém, que o aspecto do fato gerador que o legislador tributário considera para qualificá-lo é a sua idoneidade ou aptidão para servir de ponto de referência, de metro, de indicação por que se afira a capacidade contributiva ou econômica do sujeito passivo da obrigação tributária.[81]

---

qualificare il fatto come atto giuridico. Dovrà invece qualificarsi come fatto puro e semplice il fatto anche volontario, quando in esso il diritto tiene in conto il risultato o fenomeno naturale come tale, prescindendo da una eventuale volontà concorrente; oppure quando esso considera bensì l'operare dell'uomo sulla natura esteriore, ma ciò facendo valuta, più che l'atto umano in se, il risulta di fatto cu il contegno mette capo, vale a dire la modificazione oggettiva che esso apporta allo stato di cose preesistente"; o mesmo Betti, na sua *Teoria General...,* cit., p. 11, reafirma tais conceitos; Pontes de Miranda, *Tratado,* cit., vol. II, p. 450, também focaliza a matéria. M. S. Giannini, *Lezionidi Diritto Amministrativo,* 1950, Giuffrè, vol. I, p. 372, designa sob o nome de "digressione dell'atto in fatto" a circunstância a que se está fazendo referência: "Allorchè un evento costituito da un atto opera come fatto, questa operatività è indipendente dal volere dell'atto, ed è l'atto come tale che diviene un'occasione, verificandosi la quale opera il contegno disposto dalla legge. Dimodochè, ai fini limitati di alcune qualificazioni giuridiche, una realtá che nasce come atto e che non perde mai la sua natura di atto, digredisce anche in fatto giuridico, acquistando una separata operatività." E, mais adiante aludindo à problemática do fato gerador, acrescenta, à p. 374: "Per gli atti di diritto privato ancor oggi la digressione si manifesta principalmente in qualificazioni di diritto pubblico, p. es., tributario per alcune imposte indirette: ai fini di queste l'atto privato viene in rilievo come fatto economico indice di un trasferimento di ricchezza, di un impiego di capitali, e simili, ed opera come fato costitutivo dell'obbligazione tributaria e talora come pressupposto (fato permissivo) per l'esercizio di poteri da parte di organi tributari."

81. Sobre a discussão da matéria, cf. Gaetano Liccardo, "Personalità e Capacità Tributaria", *in Rassegna di Finanza Pubblica,* 1956, ano I, nº 1-2, especialmente pp. 65 a

Em verdade, o ideal seria que concretamente se pudesse mensurar, de modo direto e imediato, pelo patrimônio e pela renda, a capacidade que tem cada um de contribuir para o custeio das despesas públicas. Tal solução é utópica e inatingível e, pelas distorções decorrentes de sua impraticabilidade, afigurar-se-ia mesmo de adoção inconveniente, dadas as inevitáveis fraudes que propiciaria, além da insegurança jurídica que acarretariam para o contribuinte as atividades inquisitoriais do fisco para tornar factível o resultado.

Encontrou a técnica jurídica, para superar tais impossibilidades ou inconvenientes, a via de elegerem-se fatos ou circunstâncias aptos a denunciar a existência de capacidade econômica.

O conceito de fato gerador nada mais representa, pois, do que a sublimação ou a síntese dessas ideias e propósitos.

15. Capacidade contributiva

Na atual fase evolutiva das finanças do Estado, caracteriza-se a receita pública, por ser, predominantemente, de

---

69; Benvenuto Griziotti, "Il Principio della Capacità Contributiva e sue Applicazioni", *in Saggi sul Rinnovamento dello Studio della Scienza delle Finanze e del Diritto Finanziario*, Giuffrè, 1953, pp. 347 e segs.; Ezio Vanoni, "Note Introduttive allo Studio della Capacità degli Enti Morali nel Diritto Tributario", *in Opere Giuridiche,* Giuffrè, 1961, vol. 1, pp. 425 e segs., Kurt Schmidt, *Die Steuerprogression,* Kyklos-Verlag, Basel – J. C. B. Mohr (Paul Siebeck), Tübingen, 1960, p. 46, registra opiniões pessimistas quer sobre a capacidade contributiva, quer sobre a justiça tributária, destacando-se entre outras as de Speiser ("todos consideram justo imposto o imposto que outros devam pagar") e de Grossmann ("em nenhuma região da vida humana consuma o subjetivismo maiores orgias"); acrescenta Schmidt, entretanto, ser válida a conclusão favorável a um conceito da capacidade contributiva ou da justiça fiscal (*Steuergerechtigkeit*) em termos relativos: "Parece, por conseguinte, duvidoso que se possa estabelecer uma justiça fiscal geral, objetiva e absoluta. Prevalece a impressão segundo a qual se trata, não de algo absoluto, mas "relativo quanto ao tempo (história) e ao lugar, condicionado pela cultura do povo"; isto é, de uma justiça convencional que tem desde sempre mudado segundo a condição social, o nível cultural, a raça, as concepções predominantes, a filiação partidária, a personalidade, e que continua sempre mudando. Enfim, dela se pode justamente dizer que sua variabilidade histórica é imprevisível, não se podendo por isso reclamar-lhe nunca uma validade geral" (cf. op. cit., pp. 45 e 46). Sobre a matéria em geral, cf. Emilio Giardina, *Le Basi Teoriche del Principio della Capacità Contributiva*, Milão, Giuffrè, 1961, *passim*; Arnaldo de Valles, "Limiti Costituzionali alle Leggi Tributarie", *in Studi in Memoria di Benvenuto Griziotti, a cura dell'Istituto di Finanza*, Milão, Giuffrè, 1959, pp. 93 e segs.

natureza tributária e estar sob a regência do princípio da capacidade contributiva.

É certo existirem objeções à validade científica do princípio da capacidade econômica, pelo menos entendida esta em sentido absoluto.

Entrementes, não há negar que, até mesmo por expressa determinação do direito positivo, tal postulado está consagrado nos Estados modernos e representa a versão, em matéria tributária, do princípio geral da isonomia.[82-83]

Tal qual acontece com a isonomia objetiva, também o princípio da capacidade econômica inserto nas Constituições é programático, diretivo ou diretório (*directory provision*), endereçando-se antes ao legislador do que à administração ou ao judiciário e dependendo a sua concreta invocação pelo intérprete e pelo aplicador de princípios de atuação e de regulamentação a serem traçados pela lei.

Entende-se, porém, que, escolhido o fato gerador de um tributo, sobretudo de um imposto, o legislador terá levado em conta a capacidade econômica dos sujeitos passivos das respectivas relações tributárias.

Tal capacidade econômica é considerada, de regra, em termos afirmativos. Casos, porém, existem em que a capacidade econômica é tomada de modo negativo, de forma que a tributação se estabelece em vista de sua inexistência, ou, pelo menos,

82. No que se refere à pretensa isonomia, existem estudos recentes acerca da desigualdade de gênero na carga tributária. Há produtos que por serem destinados ao consumo das mulheres têm preços mais caros, fenômeno conhecido como *pink tax*. PISCITELLI, Tathiane. Carga tributária reforça desigualdade de gênero. Disponível em: https://encurtador.com.br/lyAO1 Acesso em: 30 ago. 2023. (Tatiana Falcão)

83. E na busca incessante por se alcançar a isonomia, em 2022, o STF decidiu que o IR não deve incidir sobre as pensões alimentícias. É de conhecimento que é o grupo das mulheres a maioria que recebe alimentos, seja para ela e/ou filhos (na qualidade de representante legal). A fim de evitar a bitributação e, como já afirmado, aumentar a tutela às mulheres, a Suprema Corte reconheceu a ausência de acréscimo patrimonial, o qual garantiu a não incidência do IR sobre a percepção dos alimentos - ADI 5.422 Disponível em: https://encurtador.com.br/afBQX Acesso em: 04 set. 2023. (Tatiana Falcão)

com o propósito de superá-la; os tributos, nesse último caso, dizem-se extrafiscais ou com finalidades extrafiscais, dependendo a sua legitimidade da idoneidade do exercício do poder de polícia (*police power*) a que sirvam de manifestação e instrumento.[84]

Em qualquer das hipóteses, será o fato gerador considerado como índice da capacidade contributiva ou econômica a ser adequadamente atingida pelo tributo.[85]

Já se vê que ao Direito Tributário interessa precipuamente o resultado econômico, ou seja, a relação econômica subjacente no acontecimento ou fato definido como fato gerador. Em termos gerais, embora, mas com evidente referência ao fato gerador, foi dito, por isso mesmo, que "in Diritto Tributario ogni rapporto è pervaso sempre da una linfa economica".[86]

Na alusão, pois, a atos, fatos ou circunstâncias para a definição do fato gerador, tem a lei tributária em vista surpreender os indícios de capacidade contributiva que, assim, sob a forma jurídica considerada, se denuncia.

Explica-se, deste modo, a dúplice assertiva feita ao início do presente capítulo: a) a de ser o fato gerador um fato

---

84. A expressão "poder de polícia" é aqui usada com a acepção que lhe dá o direito anglo-americano, de modo a abranger também o poder legislativo. Sabe-se que tal concepção não é aceita pela doutrina continental-europeia. Esta vincula o poder de polícia apenas à atividade administrativa.

85. Ainda no que se refere à capacidade contributiva, é de grande relevância fazer-se menção aos termos do art. 155-A, *caput* e § 3º do CTN. Se por um lado, o direito parece estar preocupado com o homem, em um neo-antoprocentrismo exacerbado, por outro também não deixa de considerá-lo na coletividade. Quando assim o faz, observa-o em seu ambiente laboral, também considerando os direitos das empresas, afinal, são elas a propiciar as vagas de emprego. Nessa perspectiva, o legislador preocupou-se com a sobrevivência das mesmas. Nítida é a finalidade, qual seja, de viabilizar a recuperação das empresas, com o objetivo precípuo de manter os empregos. Vale a pena conferir a literalidade do dispositivo:
Art. 155-A. O parcelamento será concedido na forma e condição estabelecidas em lei específica. (Incluído pela LC 104/2001)
(...)
§ 3º. Lei específica disporá sobre as condições de parcelamento dos créditos tributários do devedor em recuperação judicial. (Incluído pela LC 118/2005) (Tatiana Falcão)

86. Cf. Gaetano Liccardo, *Personalità*..., cit., pp. 56 e 57.

jurídico e nunca um ato negocial ou um negócio jurídico para o Direito Tributário; b) a de que, sendo para o Direito Tributário um fato jurídico, consiste o fato gerador num fato econômico de relevância jurídica.

16. Consequências da noção

Assim equacionado o problema, torna-se fácil o deslinde de várias questões sobre que, por sinal, alguma divergência tem ocorrido entre os autores.

Estão nesse caso, em primeiro lugar, a *vexata quaestio* da chamada interpretação econômica da lei tributária, a que já nos referimos (cf. n. 10, *retro*), e, em segundo lugar, o problema da tributação de atos jurídicos nulos, anuláveis, ilícitos ou delituosos, o problema da evasão tributária em sentido estrito etc.

17. Interpretação da lei tributária

Existirá, em Direito Tributário, um método de interpretação que discrepe ou difira dos métodos e sistemas consagrados nos outros ramos do Direito? Certamente não.

O que há, em Direito Tributário, é uma ótica, uma visão ou um ponto de vista diferente daqueles comumente adotados nos demais ramos do Direito e, em especial, no Direito Privado;[87] daí a propriedade terminológica com que os juristas germânicos se referem às considerações econômicas (*wirtschaftliche Betrachtungsweise*) que comporta a interpretação em Direito Tributário.

---

87. Vide art. 110 do CTN:
Art. 110. A lei tributária não pode alterar a definição, o conteúdo e o alcance de institutos, conceitos e formas de direito privado, utilizados, expressa ou implicitamente, pela Constituição Federal, pelas Constituições dos Estados, ou pelas Leis Orgânicas do Distrito Federal ou dos Municípios, para definir ou limitar competências tributárias. (Tatiana Falcão)

Em trabalho anterior, tivemos oportunidade de fazer sobre o tema observações cuja reprodução em seguida se nos afigura oportuna.[88]

18. Interpretação econômica, evasão tributária e economia de tributo

Em Direito Tributário, autoriza-se o intérprete, quando o contribuinte comete um abuso de forma jurídica ("Missbrauch von Formen und Gestaltungsmöglichkeiten des bürgerlichen Rechts"),[89] a desenvolver considerações econômicas para a interpretação da lei tributária e o enquadramento do caso concreto em face do comando resultante não só da literalidade do texto legislativo, mas também do seu espírito da *mens* ou *ratio legis.*

Para que tal aconteça, é necessário que haja uma atipicidade da forma jurídica adotada em relação ao fim, ao intento prático visado.

Vejamos. No mundo das relações econômicas, a cada intenção empírica, ou *intentio facti,* corresponde uma intenção jurídica, ou *intentio juris* adequada, que se exterioriza através de uma forma jurídica típica. Imagine-se que, para levar a cabo essa mesma *intentio facti,* o contribuinte adote uma forma jurídica completamente anormal ou atípica, embora não proibida pelo Direito Privado, com o único objetivo de, através da manipulação da *intentio juris,* obter o não pagamento, o menor pagamento ou o pagamento diferido no tempo de um

88. Cf. nosso *Direito Tributário Brasileiro,* cit., pp. 162 a 166.

89. É o critério consagrado pelo § 5º da *Reichsabgabenordnung,* no seu texto de 13 de dezembro de 1919: "Durch Missbrauch von Formen und Gestaltungsmöglichkeiten des bürgerlinchen Rechts kann die Steuerpflicht nicht umgegangen oder gemindert werden". Ou, traduzido: "O débito tributário não pode ser objeto de evasão ou redução, mediante o abuso de formas jurídicas de Direito Privado". Vide a respeito, o § 42 da *Abgabenordnung* (AO 1977), que dispõe: "A lei tributária não pode ser fraudada através do abuso de formas jurídicas. Sempre que ocorrer abuso, a pretensão do imposto surgirá, como se para os fenômenos econômicos tivesse sido adotada a forma jurídica adequada." (Nota do Atualizador).

tributo (*Steuervorteil*, vantagem fiscal), isto é, adotou-se uma forma economicamente inadequada com o único objetivo de provocar a evasão do tributo (*Steuerumgehung*).

Exemplo, aliás, colhido no Direito alemão: existe lá um imposto geral sobre vendas (*Umsatzsteuer*). Determinado contribuinte pretendia vender um automóvel à prestação. Para fugir à *Umsatzsteuer*, deliberou, então, fazer um contrato de locação do veículo, cobrando do suposto locatário um aluguel correspondente às prestações do preço de venda. Cercou o negócio das garantias equivalentes às que existiriam no negócio de venda. Por fim, assegurou ao locatário um direito de preferência para a compra do veículo, ao termo do contrato, por um preço determinado.[90] Não há nenhuma lei, ou nenhum princípio de Direito Privado, que impeça a locação de automóveis[91-92-93] em

---

90. No Brasil, tem-se a figura do *leasing*, normatizada pela Lei 6.099/74. (Tatiana Falcão)

91. Na temática de locação de bens móveis, é de bom alvitre lembrar os debates que ocorreram acerca da constitucionalidade da cobrança de ISS. É inegável o incremento de pequenos negócios no Brasil, principalmente em épocas de maior desemprego. Nesse sentido, o setor de serviços acaba crescendo com o ingresso de novos pequenos empreendedores. Dentre a oferta de serviços, destaca-se o aluguel de bens móveis, cuja atuação mereceu tutela do STF, restando à Corte se manifestar por meio da Súmula Vinculante 31: "É inconstitucional a incidência do Imposto sobre Serviços de Qualquer Natureza – ISS sobre operações de locação de bens móveis".
A atividade de prestar serviço é modalidade de obrigação de fazer; pois bem, os bens móveis destinados à locação já estão "feitos", razão por que não há fundamento jurídico para cobrança de ISS.
Vale lembrar que pela Reforma Tributária (EC 132/2023), o ISS é um dos impostos a serem unificados para efeitos de cobrança única, a partir o ano de 2033, o qual será "substituído" pelo IBS (Imposto sobre Bens e Serviços). (Tatiana Falcão)

92. No mesmo sentido, vale transcrever a lição mais do que cristalina do Prof. Aires F. Barreto: "Ora, como sabido, serviço implica a existência de 'obrigação de fazer' e locação de bens móveis é paradigma de obrigação de dar. O exame da Constituição e a observância dos princípios gerais de direito teria evitado o erro palmar de situar a locação de bens móveis como serviço". *ISS, IOF e instituições financeiras*. São Paulo: Noeses, 2016, p. 2. (Tatiana Falcão)

93. No que se refere ainda ao ISS, é de relevância citar a concorrência entre Estados (ICMS) e Municípios (ISS) quanto à tributação acerca dos *softwares*. Anterior à possibilidade de se fazer *download*, falava-se em *software de prateleira* e *software personalizado*. O primeiro, como a denominação nos leva a intuir, tratava-se de programa comum voltado ao mercado consumidor; o segundo compreendia aquele feito sob encomenda ou mesmo personalizado, de acordo com as necessidades específicas do adquirente.

condições tais. Todavia, é patente a inequivalência entre a realidade econômica e a forma jurídica adotada: o único propósito era o de colher uma vantagem fiscal, uma evasão.[94-95-96]

A autorização dada ao intérprete tributário, a licença que se lhe outorga, é para, pela via exegética, fazer a adequação da realidade econômica de cada caso concreto, quando tal inequivalência ocorra, ao comando legal entendido de acordo com o seu espírito.

A solução, aliás, não é específica de Direito Tributário, conhecendo-a outros ramos do Direito.

Como anota Jacob Wackernagel, a evasão tributária não passa de um caso particular da *fraus legis*, a que a praxe deu uma importância especial: "Steuerumgehung ist der Unterfall der Gesetzesumgehung, dem in der Praxis eine besonders grosse Bedeutung zukommt." (A evasão tributária é um caso

---

Na própria diferenciação, pode-se verificar o início da fundamentação jurídica da Suprema Corte, a qual decidiu pela incidência do ISS apenas no licenciamento de *software* personalizado – ADIs 1945 e 5659. Vale a pena observar os termos da repercussão geral fixada: "É constitucional a incidência do ISS no licenciamento ou na cessão de direito de uso de programas de computação desenvolvidos para clientes de forma personalizada, nos termos do subitem 1.05 da lista anexa à LC 116/2003".
Em 2021, declarou-se a modulação de efeitos, na qual o STF atribuiu eficácia à decisão a partir de 03.03.2021. Assim, na ocorrência de comprovada bitributação, os contribuintes terão direito à repetição do indébito do ICMS – RE 688223 – Disponível em: https://encurtador.com.br/akmKX Acesso em: 07 set. 2023. (Tatiana Falcão)
Vale lembrar que pela Reforma Tributária (EC 132/2023), o ICMS é um dos impostos a serem unificados para efeitos de cobrança única, a partir o ano de 2033, o qual será "substituído" pelo IBS (Imposto sobre Bens e Serviços). (Tatiana Falcão)

94. Cf. Wilhelm Merk, *Steuerschuldrecht*, 1926, p. 53; aliás, em trabalho nosso, sob o título de "Interpretação e Integração da Lei Tributária", *in RDA*, vols. 40/24, discutimos alongadamente o problema e procuramos ilustrá-lo com exemplos concretos.

95. A globalização da economia resultou em saída de numerários sem o respectivo recolhimento tributário. Por essa razão, vários países têm implementado suas normativas a fim de evitar esse tipo de "evasão de divisas". O Brasil, não ficando indiferente, sancionou a Lei 13.254/2016, conhecida como Lei do RERCT – Regime Especial de Regularização Cambial Tributária. Disponível em: https://encurtador.com.br/cdmpQ Acesso em: 31 ago. 2023. (Tatiana Falcão)

96. Acerca da Lei do RERCT, vide: JUNIOR, Aldo de Paula; SALUSSE, Eduardo Perez e ESTELLITA, Heloisa (Coord.) *Regime Especial de Regularização Cambial e Tributária:* aspectos práticos. São Paulo: Noeses, 2016. (Tatiana Falcão)

particular de fraude à lei, à qual a praxe confere uma especial importância).[97]

A única diferença verdadeira entre o *in fraudem legis agere* (*Gesetzesumgehung*) de Direito comum e a sua modalidade especial de Direito Tributário, a evasão (*Steuerumgehung*), reside no meio empregado para reprimir essa última, que, em Direito Tributário, ocorre através do método da chamada interpretação econômica ("wirtschaftliche Betrachtungsweise in der Auslegung der Steuergesetze").[98]

Convém entender que nem toda vantagem fiscal alcançada pelo contribuinte constitui uma evasão.[99] Para tanto é indispensável que haja uma distorção da forma jurídica, uma atipicidade ou anormalidade desta última em confronto com a relação econômica que através dela se exterioriza.

De outro modo, evasão não há. Pode ocorrer que o contribuinte disponha seus negócios, de modo a pagar menos tributos. Nada o impede, desde que não ocorra aquela manipulação do fato gerador, no que toca ao seu revestimento jurídico.

A doutrina reconhece como válido e perfeitamente legítimo aquilo que se denomina de economia fiscal (*Steuereinsparung*).[100]

---

97. Cf. *Die Steuerumgehung und ihre Verhütung*, cit., 1949, p. 29.

98. Cf. nosso trabalho "Autonomia dos Governos Locais em Matéria Tributária", *in RDA*, vols. 47/8 e 9; esse estudo, no texto espanhol, sob o título "Autonomia de los Gobiernos Locales en Matéria Tributaria, el Problema de sus Limitaciones Implícitas en un Sistema Constitucional de Discriminación Rígida de Rentas", está publicado na *Revista de la Faculdad de Derecho y Ciências Sociales*, de Montevidéu, ano VIII, janeiro-junho de 1957, nº 1-2, pp. 418 e segs.; e também no volume, editado pela mesma Faculdade, sob o título *Jornadas de Derecho Tributario*, 12-20 de outubro de 1956, Montevidéu, 1957, pp. 417 e segs. Vide, também, Falcão, *Introdução ao Direito Tributário*, 3ª ed., Rio, Forense, 1987, pp. 84 e segs.

99. Na mesma toada, a professora Maria Rita Ferragut assevera: "se na elisão fiscal não há fato gerador ocultado - pois o fato típico foi licitamente evitado -, não há como haver desconsideração do mesmo, com o consequente estabelecimento da verdade jurídica." (*Apud* Paulo de Barros Carvalho, em *Curso de direito tributário*. 33ª ed. São Paulo: Noeses, p. 313). (Tatiana Falcão)

100. Nesse sentido, vale trazer à colação: "(...) o parágrafo único do art. 116 do CTN Nacional não veio para impedir o planejamento fiscal; nem poderia fazê-lo, já que o

Assim, Wackernagel, depois de afirmar que a evasão tributária se distingue da simples economia fiscal,[101] alude, em apoio da licitude dessa última a uma citadíssima decisão de 25 de janeiro de 1960, do Superior Tribunal Administrativo da Prússia, decisão que afirma não estar ninguém obrigado a administrar sua fortuna e suas rendas de tal forma a propiciar ao Estado o máximo de arrecadação de tributos: "... ninguém está obrigado a administrar o seu patrimônio ou as suas fontes de renda, de tal modo a propiciar ao Estado uma imposição tributária maior".[102]

Assim também se pronuncia Lerouge: "chacun peut aménager son patrimoine ou ses intérêts de telle façon, que l'impôt ait le moins de prise possible. Le devoir moral, non plus que le devoir civique, ne va pas en effet jusqu'à s'obbliger à prendre la voie la plus profitable au Trésor".[103]

Em resumo do que vem sendo dito, temos que, para admitir-se o emprego do chamado método da interpretação econômica, é preciso que se esteja em presença de uma evasão tributária em sentido estrito (*Steuertumgehung*), ou seja, da adoção de uma forma jurídica anormal, atípica e inadequada, embora permitida pelo Direito Privado, para a consecução do resultado econômico que se tenha em vista concretizar. Não basta, pois, qualquer vantagem fiscal, cuja concretização é possível e lícita, no caso de economia fiscal (*Steuereinsparung*); é indispensável a atipicidade ou anormalidade da forma cuja utilização só se explique pela intenção de evadir o tributo.[104]

---

contribuinte é livre para escolher o ato que pretende praticar, acarretando, conforme sua escolha, o nascimento ou não de determinada obrigação tributária." (CARVALHO, Paulo de Barros. *Curso de direito tributário*. 33ª ed. São Paulo: Noeses, p. 313). (Tatiana Falcão)

101. Cf. op. cit., p. 38: "Deve-se, de mais a mais, distinguir entre a evasão tributária (*Steuerungehung*), a economia de imposto (*Steuereinsparung*) e a fraude fiscal (*Steuerhinterziehung*)".

102. Cf. Wackenagel, op. cit., pp. 40 e 41.

103. Cf. *Théorie de la Fraude en Droit Fiscal*, 1944, p. 103.

104. Cf. Ernst Blumenstein, "Gegenseitige Beziehungen zwischen Zivilrecht und Steuerrecht", *in Zeitschrift für Schweizerisches Recht*, nova série, vol. 52, fascículo 4 (1933), pp. 239-a, 240-a e 243-a.

Mas, não é só. É evidente que a interpretação econômica só se admitirá, em cada caso concreto, para corrigir situações anormais artificiosamente criadas pelo contribuinte. Por outras palavras, através dela não se pode chegar ao resultado de, na generalidade dos casos, alterar ou modificar, por considerações subjetivas que o intérprete ou o aplicador desenvolvam no que respeita à justiça fiscal, um conceito adotado, pelo legislador. É a isso que se faz alusão, quando se assevera que a interpretação econômica não pode ter o efeito de uma *interpretatio abrogans.*[105]

Se, *verbi gratia*, o legislador tributou empréstimos e isentou vendas, por exemplo, não se toleraria que, por meio de interpretação econômica, o exegeta concluísse que, nas vendas à prestação, a relação econômica é semelhante à que se configura através do empréstimo, para, na generalidade dos casos, concluir pela exclusão destas do conceito de venda e seu enquadramento na incidência prevista quanto aos empréstimos.

O que em tal hipótese ocorreria fora, não uma interpretação da lei, mas uma *emendatio legis,* uma alteração do seu comando, uma *interpretatio abrogans,* à luz de considerações políticas eminentemente subjetivas, que o intérprete desenvolvesse em matéria de justiça fiscal, coisa que não é consentida.[106]

Resulta daí que a interpretação econômica só é autorizada, em cada caso, quando haja uma anormalidade de forma jurídica para realizar o intento prático visado e, assim, obter a evasão do tributo. Inversamente, se o ato praticado, a conduta seguida, o procedimento eleito são formas normais ou típicas de manifestação do conceito adotado pelo legislador tributário, jamais poderá o intérprete, utilizando considerações econômicas,

---

105. Inaceitável se afigura a tese de Eugen Schlegel, quando pretende incluir considerações de justiça (*Gerechtigkeit*) na interpretação e expressamente fala em correção da lei tributária pelo intérprete: "A correção que assim se pratica, consiste na aplicação de considerações econômicas no Direito Tributário." Mais adiante, acrescenta: "Não se trata propriamente de uma interpretação conforme ao sentido da lei tributária e da aplicação do seu resultado, mas, antes, como já foi dito, de uma sua *correção*, de uma modificação, consoante um ponto de vista não jurídico, mas econômico." Cf. op. cit., p. 13.

106. Cf. nosso trabalho *Autonomia dos Governos Locais* etc., cit., loc. cit.

alterar aquele conceito, ou a sua amplitude, restringi-lo ou modificá-lo, *vi interpretationis tantum*, para suprimir, na generalidade dos casos, modalidades de atuação nele contidas.

19. Fatos geradores jurídicos, abstratos ou formais

Claro está que hipóteses deverão ser distinguidas, conforme o critério adotado pelo legislador para definir o fato gerador do tributo.[107] Algumas vezes, a lei inequivocamente identifica o fato gerador, incluindo entre os seus elementos constitutivos todos aqueles que formalmente caracterizam determinado negócio jurídico privado. Pertencem a essa categoria os chamados fatos geradores jurídicos ou, ainda, abstratos ou formais, por oposição aos denominados fatos geradores econômicos, ou ainda, fatos geradores causais.

A doutrina germânica e a suíça de alguma forma têm em vista essa distinção, quando se referem aos impostos sobre a circulação jurídica ou sobre transações jurídicas (*Rechtsverkehrssteuern*) e aos impostos sobre a circulação econômica ou sobre transações econômicas (*Wirtschaftsverkehrssteuern*).[108]

É preciso entender, porém, que de tais classificações não se deve deduzir que a vontade das partes – num negócio jurídico considerado como fato gerador – seja tomada em Direito Tributário como causa eficiente do débito do tributo. Tal vontade é considerada, em matéria fiscal, apenas como elemento objetivo, descritivo do fato gerador: despe-se, por conseguinte, de todo o seu caráter valorativo, ou seja, perde o seu conteúdo negocial.

107. Entre as restrições que fazemos à chamada interpretação econômica, devemos indicar o problema da exegese de disposições relacionadas com a discriminação constitucional de rendas. Cf. nosso *Introdução ao Direito Tributário*, p. 137.

108. Cf. Marcel Wurlod, *Forme Juridique*, cit., pp. 31 e 32; Ernst Blumenstein, *System*, cit., pp. 123 e segs.; Wilhelm Merk, *op. cit.*, p. 41; de alguma forma J. L. Ruedin, *Der Begriff des Eigentums im schweizerischen Steuerrecht – Zivilrechtliche Begriffe des Steuerrechts und wirtschaftliche Betrachtungsweise*, Verlag von. H. R. Sauerlünder, Aaran, 1935, pp. 34 a 36.

Não se altera a assertiva inicialmente feita de que, em qualquer caso, o fato gerador tem a natureza de um fato jurídico, ou melhor, de um fato econômico juridicamente relevante, devendo, por isso mesmo, assim ser interpretado.

A caracterização em termos formais rigorosos do fato gerador poderá ocasionar, isto sim, uma limitação aos poderes de investigação do exegeta tributário. É perfeita, nesse sentido, a conclusão de Jarach:

> Hay que admitir la posibilidad de este fenómeno, porque hay que admitir que el legislador puede substraer al intérprete el poder de investigar sobre la relación económica que constituye el presupuesto de la obligación impositiva, fijando taxativamente en características formales lo que queda para su investigación.[109]

20. Princípio documental e princípio negocial

É oportuno mencionar, dentro dessa ordem de limitações ao poder de investigação do conteúdo econômico do fato gerador pelo intérprete, a adoção pelo legislador do chamado princípio documental – *Urkundenprinzip* ou *Beurkundungsgrundsatz* – do Direito germânico.

Em que consiste essa noção, que tantos equívocos tem ensejado?[110]

---

109. Cf. Jarach, *El Hecho*, cit., p. 102.

110. Entre soluções equivocadas e criticáveis na matéria, cumpre mencionar a tese de Antonio Berliri, *La Legge del Bollo,* Milão, Giuffrè, 1953, p. 28, e, especialmente p. 75, ao afirmar que o tributo incide sobre o documento e não sobre o ato: "Dall'essere un tributo che colpisce il documento e non l'atto...". Aliás em matéria de imposto de selo, convém recordar, de passagem, a dupla assertiva, errônea em qualquer caso, de A. Berliri, de que o selo constitua uma receita de monopólio e que a sua aplicação ou o uso do papel selado (*carta bollata*) represente um ônus (*onere*) que se impõe ao contribuinte. No Brasil, surgiram também equívocos para definir a competência da União, prevista no art. 15, n. VI, da Constituição de 1946, e assim saber se era legítima a instituição, com fundamento no art. 21 do Estatuto Supremo, do chamado imposto sobre transações, existente na antiga legislação de São Paulo e na legislação da Guanabara. Para um estudo crítico do problema, cf. Antão de Morais, *Problemas e Negócios Jurídicos, Direito Constitucional – Administrativo,* Max Limonad, 1949, pp. 19 e segs.; Amilcar de Araújo Falcão, *Direito Tributário Brasileiro,* cit., pp. 280 e segs.; quanto à competência concorrente, em geral cf. Aliomar Baleeiro, verbete

Trata-se de determinar a forma de exteriorização do fato gerador.

Pode, para tal fim, o legislador efetivamente consagrar um de dois princípios, critérios ou técnicas: *a)* o princípio negocial (*Geschäftsprinzip*)[111] por força do qual o fato gerador é considerado, qualquer que seja a forma de sua exteriorização; *b*) o princípio documental (*Urkunden* ou *Beurkundungsprinzip*), que consiste no acréscimo de um *plus* à configuração do fato gerador, com a exigência de que, além da essencial consistência do fato, ato ou negócio que nele se contém (*gestum*) – *id quod interest* – tal fato tenha por forma de exteriorização uma versão documental, um *scriptum*, um instrumento específico.[112]

A regra é a prevalência do princípio negocial. Entretanto, se expressamente estabelecido o princípio documental, estará o intérprete limitado no seu poder de investigação do

---

"Competência Concorrente", no *Repertório Enciclopédico do Direito Brasileiro*, dirigido por Carvalho Santos, vol. 10, pp. 117 e segs.; e Gilberto de Ulhoa Canto, "Alguns Problemas da Competência Tributária Concorrente", *in RDA*, vol. 57/9 e segs. Contra, sustentando a tese por nós criticada, cf. Castro Nunes, "Problemas de Partilha Tributária", *in RDA*, vol. 1/5; *idem*, parecer, *in RDA*, vol. 51/495 e segs., especialmente p. 498; *idem*, *Soluções de Direito Aplicado*, Liv. Freitas Bastos, 1953, pp. 135 e 165; Barbosa Lima Sobrinho, "A Constitucionalidade do Imposto de Cessão", *in RDA*, vol. 39/26 e segs.; Acórdãos do Supremo Tribunal Federal nos Recursos Extraordinários n. 7.264, *in RDA*, vol. 4/184; e 7.005, na mesma revista, vol. 19/142.

111. A expressão *princípio negocial* é tomada de Wilhelm Merk, que, por seu turno, faz remissão a R. Meyer. Eis como Merk, referindo-se ao fato gerador do imposto sobre transações jurídicas ou econômicas (*Verkehrssteuer*), alude à espécie: "Fatos da vida econômica ou jurídica aos quais, enquanto fato gerador, se vincula a obrigação de pagamento de um imposto sobre transações (*Verkehrsteuer*), como, por exemplo, a transferência da propriedade de imóveis no território nacional, de conformidade com a lei de imposto sobre a aquisição de imóveis (*GrErwSt G*). Em tal caso, cabe entender que o fato gerador consista, quer no próprio fato da transação, quer na emissão de um documento a ele relativo; conforme o caso, aplicável será o princípio *negocial* ou o *documental*".Cf. op. cit., pp. 41 e 42.

112. Como se vê, de acordo com a procedente observação de Nicola D'Amati, o que se tributa, em qualquer caso, é o ato, fato ou negócio e não a simples circunstância de estar em presença um pedaço de papel ou um mero texto escrito, mesmo porque, de outra maneira, o imposto respectivo seria de produção ou de consumo e não um imposto sobre o ato jurídico. Diz D'Amati (*Teoria Generale dell'Imposta di Bollo*, Milão, Giuffrè, 1957, pp. 14 e 15): "... Cosi infatti com' è concepita essa potrebbe fare apparire il tributo di bollo, gravante il materiale cartaceo impiegato nella redazione dell'atto e peranto commisurato, a guisa d'una imposta sulla produzione o sul consumo al valore di questo; ciò che è ben lontano della realtà delle cose. Condizioni queste che non devono peraltro far trascurare che la carta entra in gioco qui come elemento di fatto, e che in ogni caso il presupposto dell'imposizione è costituito dall'*atto giuridico*".

conteúdo econômico do fato gerador. Não significa isso que tenha este sido despojado de sua essência ou consistência econômica, mas, apenas, que restrições foram feitas por lei à sua caracterização, exteriorização e exegese.

21. Tributação de atos nulos ou anuláveis

Como foi dito anteriormente (n. 16, *retro*), um segundo préstimo oferece a ênfase emprestada à consistência econômica do fato gerador: facilita o equacionamento e solução do problema da tributação de atos nulos e anuláveis, por um lado, e de atividades ilícitas, criminosas ou imorais, por outro lado.

Por isso que ao Direito Tributário interessa primordialmente a relação econômica, não importa à configuração do fato gerador a circunstância de consistir ele, concretamente, num ato ou negócio jurídico inquinado de nulidade ou anulabilidade, uma vez que os efeitos econômicos se produzam.[113] Inversamente, se for pago o tributo, em tais condições

113. Cf. art. 11 da lei italiana do registro (R. D. de 30 de dezembro de 1923, n. 3.269), § 5º da *Steueranpassungsgesetz* (de 16 de outubro de 1934), art. 85 do Projeto de Código Tributário Nacional, cit. Expressiva era a disposição do Projeto por último citado: "Art. 85. A circunstância dos negócios ou atos jurídicos celebrados ou praticados serem inexistentes, nulos ou anuláveis, ou terem objeto impossível, ilegal, ilícito ou imoral, não exclui, modifica ou difere a tributação, desde que os seus resultados efetivos sejam idênticos aos normalmente decorrentes do estado de fato ou situação jurídica que constitua o fato gerador da obrigação tributária principal, observado, porém, o disposto no n. V do art. 130. Nota do Atualizador: Esta disposição foi modificada, assim ficando no Código vigente: "Art. 118. A definição legal do fato gerador é interpretada abstraindo-se: I – da validade jurídica dos atos efetivamente praticados pelos contribuintes, responsáveis, ou terceiros, bem como da natureza do seu objeto ou dos seus efeitos; II – dos efeitos dos fatos efetivamente ocorridos".
É ampla e, às vezes, controvertida a doutrina italiana sobre o art. 11 da lei do registro; a propósito, consultem-se Federico Maffezzoni, *Gli Effetti Giuridici degli Atti Soggetti all'Imposta di Registro,* Pádua, Cedam, 1947, pp. 4 e segs.; Dino Jarach, *Principi per l'applicazione delle tasse di registro,* Cedam, Pádua, 1937, XV, pp. 75 e segs.; Antonio Berliri, *Le Leggi del Registro,* 3ª ed., Milão, Giuffrè, 1952, p. 119; Emilio Jammarino, *Commento alla Legge sulle Imposte di Registro,* Utet, 1959, vol. I, p. 36; G. Guglielmi - G. Azzariti, *Le Imposte di Registro,* Utet, 1959, pp. 93 e segs.; Antonio Uckmar, *La Legge del Registro – Commento Teorico-Pratico*, Cedam, Pádua, 1949, 3ª ed., livro 1º, pp. 201 e segs. Quanto ao direito francês, cf. a obra fundamental de Jean Yaigre, *Nullité et Imperfection en Droit Fiscal*, Bordéus, Imprimerie de l'Université, 1932, pp. 209 e 268; cf. ainda Pierre Debèse, *Nouveaux Principes des Droits d'Enregistrement*, Paris, Ed. Techniques, 1946, p. 236. Oportunamente serão feitas outras indicações bibliográficas, complementares a estas, quando for examinado o problema da tributação das atividades imorais, ilícitas ou criminosas.

a superveniência de anulação ou decretação da nulidade do ato jurídico em que consista o seu fato gerador não dará lugar, salvo disposição de lei em sentido contrário,[114] à repetição do tributo prestado – regularmente pago à época – pelo contribuinte.

Não poderia ser diversa a solução dada à questão da tributação dos atos nulos e anuláveis. A observação de Yaigre é, no particular, concludente:

> Que le vice de l'acte soumis à la formalité soit apparent ou caché, qu'il s'agisse d'une donation réciproque entre époux, faite par un seul acte, ou au contraire d'une violation d'une prescription légale non manifeste, l'acte nul est susceptible d'être exécuté, il produit des effets jusqu'à son annulation. Il serait illogique et contraire aux principes du droit commun de le soustraire à la perception.[115]

22. A simulação em matéria tributária

Um desdobramento dessas ideias verifica-se na aplicabilidade do método da interpretação econômica, quando esteja em presença um negócio jurídico simulado.

Quer na legislação italiana,[116] quer na Alemanha sob o regime da *Reichsabgabenordnung* de 1919,[117] a tributabilidade

114. Disposições dessa espécie são os arts. 12 e 14 da lei italiana do registro, o § 5º, nº V, da StAnpG.

115. Cf. op. cit., p. 210.

116. Aplicável é o art. 8º da lei do registro; cf. D. Jarach, *Principi per l'Applicazione...*, cit., especialmente pp. 80 e segs., onde se mencionam e criticam as opiniões divergentes entre os juristas peninsulares; cf. ainda A. D. Giannini, *Il Rapporto Giuridico d'Imposta*, Milão, Giuffrè, 1937, p. 161, nota 17: "L'amministrazione finanziaria, quindi, può dimostrare l'esistenza della simulazione con tutti i mezzi di prova. Nè ocorre che all'uopo promuova... un apposito giudizio d'impugnazione dell'atto simulato; si trata anche qui di un'indagine che essa com pie coi mezzi posti a sua disposizione dalla legge, in sede di accertamento, salvo il successivo ricorso del contribuente all'autorità giudiziaria".

117. Eram aplicáveis os §§ 4º e 5º da RAO, que para tal efeito se afiguravam plenamente suficientes, consoante demonstra Gerhard Bopp, mencionando a propósito a jurisprudência do *Reichsfinanzhof.* Posteriormente, a partir de 1934, o legislador com a *Steueranpassungsgesetz,* resolveu distinguir a hipótese da simulação (*Scheingeschäft)* da hipótese do abuso de forma jurídica (*Missbrauch von Formen – und Gestaltungsmöglichkeiten des bürgerlichen Rechts*), dedicando a cada uma dessas espécies uma disposição própria,

dos negócios simulados, no sentido de atingir os atos neles ocultos, tem por base o preceito que estatui a prevalência da realidade econômica sobre a forma jurídica, nos casos de distorção ou emprego anormal ou abusivo desta.

Tais disposições legislativas, como temos significado, são, porém, desnecessárias para a investigação do conteúdo econômico do fato gerador, por isso que é da própria natureza ou substância deste que se extrai a regra da primazia da realidade econômica sobre a veste jurídica, nos casos de inadequação ou inequivalência entre uma e a outra.

À luz dessas ideias, cumpre rejeitar a opinião daqueles que, como Pontes de Miranda e Eduardo Espínola,[118] entendem depender a tributação do ato oculto de haver, a Fazenda Pública, demandado judicialmente a declaração de nulidade da simulação. Fundam-se estes eminentes juristas no art. 105 do Código Civil brasileiro.[119]

---

respectivamente, os §§ 5º e 6º. O intuito do legislador, ao distinguir os dois casos, foi de ordem técnica, por isso que ao abuso de forma jurídica, como tal relevante para o direito tributário, é ínsito, como elemento essencial e ingênito, o *animus* de manipulação da roupagem ou forma jurídica para o fim de evasão tributária (*Steuerumgehungsabsicht*) – lograr o não pagamento, a redução do pagamento, ou o pagamento diferido no tempo do tributo; na simulação, o escopo das partes pode ter sido outro, dele decorrendo, entretanto, com caráter secundário, um efeito detrimentoso para a regular prestação do tributo. Cf. o estudo monográfico de Gerhard Bopp, Scheingeschäfte, "Missbräuchliche Steuerumgehung und wirtschaftliche Betrachtungsweise", no volume *Von der Auslegung und Anwendung der Steuergesetze*, cit., pp. 134 e segs. e também pp. 140, 141 e 144.

118. A opinião de Pontes de Miranda é mais moderada; distingue ele a "simulação transparente" ("simulação que deixe perceber-se o *suporte fáctico*") da *simulação não transparente* (na qual, "enquanto não se desconstituir esse negócio jurídico, não se pode ter como composto o *suporte fáctico*"), para afirmar que a ação anulatória da simulação somente na segunda hipótese deve ser proposta. A tese de Eduardo Espínola é, entretanto, radical: "Não há lei, princípio doutrinário ou praxe autorizada, que atribua ao agente fiscal a faculdade de anular *ex auctoritate propria* algum ato, declaração de vontade, ou relação jurídica, em que presuma existir simulação, para estabelecer que o ato real é outro, com efeitos diferentes." Cf. pareceres publicados em um volume sob o título *Injusto Processo-Fiscal contra a Orquima e sua Defesa na Órbita Administrativa*, 2º memorial, Tipografia Naval, Bahia, 1950, pp. 54 e 73.

119. O artigo referido pelo autor integra o Código Civil de 1916, o qual não encontra correspondência no diploma vigente. (Tatiana Falcão)

Tal preceito não é aplicável ao Direito Tributário. Duas razões são suficientes para demonstrá-lo. Em primeiro lugar, o Código Civil regula um ato negocial, um negócio jurídico, viciado ou maculado de simulação. Não é, como vimos, o fato gerador um negócio jurídico, senão apenas um fato jurídico, ou um fato econômico de relevância jurídica: por isso mesmo, a vontade das partes, no que tange ao seu conteúdo ou ao seu caráter valorativo, é indiferente. Logo, é inoponível ao Direito Tributário preceito relativo, tipicamente, a atos jurídicos privados, de nítido caráter negocial.

Há mais, porém. Pela sua natureza mesma, comporta o fato gerador uma interpretação econômica, consoante já vimos, conducente à prevalência da realidade econômica sobre a forma jurídica, nos casos em que uma e outra sejam discrepantes; para que isso aconteça, veja-se bem, não é necessário que o ato ou negócio privado em que se consubstancie o fato gerador seja nulo ou anulável. Pelo contrário, pode tratar-se de um ato perfeitamente válido em Direito Privado, como é o caso dos negócios indiretos, dos negócios fiduciários[120] e dos chamados abusos de forma jurídica (*Missbrauch von Formen und Gestaltungsmöglichkeiten des bürgelichen Rechts*): a interpretação com vistas à realidade econômica, isto é, a cognominada interpretação econômica terá lugar, para fins tributários.

Do emprego de tal método de interpretação não resulta, do ponto de vista do Direito Privado, qualquer consequência para a estrutura ou para a validade do negócio, que perdurarão inalteradas; mesmo para o Direito Tributário, em princípio, não se considera passível de penalidade o contribuinte só pelo fato da manipulação civilmente válida da forma jurídica.

Se assim é, se da chamada interpretação econômica não decorrem efeitos privados quanto ao ato ou negócio jurídico, mesmo quando este é válido civilmente, não há porque,

---

120. Sobre o conceito de negócio indireto, *in genere*, e negócio fiduciário *in specie*, cf. Tullio Ascarelli, "Il Negozio Indiretto", *in Saggi Giuridici*, Milão, Giuffrè, 1949, pp. 149 e segs., especialmente, pp. 152, 154 e 163. Quanto ao Direito Tributário, cf. Jarach, *Principi per l'Applicazione*, cit., pp. 80 e 81; e Rubens Gomes de Sousa, Relatório da Comissão Especial do Código Tributário Nacional, no volume *Trabalhos da Comissão*, cit., p. 195.

a contrario sensu, dever-se aguardar a declaração judicial da simulação para tributar fatos geradores que se exteriorizem através de negócios simulados.

Não têm razão, portanto, aqueles que procuram retirar do artigo 105 do Código Civil, inaplicável ao Direito Tributário, um efeito inibitório quanto aos poderes de investigação da realidade econômica pelo Estado.

23. Tributação das atividades ilícitas, criminosas ou imorais

Uma série de equívocos, no Brasil e alhures, tem surgido em matéria de tributação de atividades ilícitas, criminosas ou imorais, toda a perplexidade provindo da não consideração da consistência econômica do fato gerador.

Por isso é que se encontram manifestações no sentido de que atividades ilícitas não devem ser tributadas, pois de outro modo o Estado estará locupletando-se com ações que ele mesmo proíbe e, assim, de algum modo associando-se à ilegalidade e dela tirando proveito.

Na Alemanha, antes da Primeira Grande Guerra Mundial, segundo o depoimento de Polland,[121] eram comuns as decisões reputando ilegítimo fazer incidir imposto sobre bordéis, venda de imóveis para bordéis, juros de hipoteca que onerava imóvel explorado como casa de tolerância, exploração de jogos de azar, atividade de cartomancia etc.; a partir de 1918, entretanto, a jurisprudência, tanto quanto a doutrina, se manifestaram em sentido oposto.

Na França, a tributação dos proventos da prostituição, por exemplo, ocorre, embora adote o fisco uma via indireta para atingi-los. Fasolis, depois de afirmar a neutralidade moral do fisco, acrescenta a propósito:

> (...) quase ovunque il Fisco cerca di colpirli per vie tortuose, ricorrendo a sotterfugi. Così in Francia quantunque gli esercenti

121. Cf. Wolfgang Polland, op. cit., p. 8.

> tali professioni non siano compresi nelle tavole delle tariffe della *contribution des patentes,* abitualmente sono assogettati a tale tributo in qualità di *maîtres d'hotel garni* oppure *maîtres d'estaminet* o di *cabaretiers logeurs.*[122]

No Brasil, a jurisprudência tem hesitado quanto à tributabilidade das atividades criminosas ou imorais, inclinando-se geralmente pela solução, que se nos afigura lamentável, de considerar ilegítima a incidência de imposto sobre elas.[123-124-125]

Está evidentemente errada essa maneira de entender as coisas.

---

122. Cf. Fasolis, *apud*, Francesco Forte, "Sul Trattamento Fiscale delle Attività Illecite", *in Rivista di Diritto Finanziario e Scienza delle Finanze*, junho de 1952, ano XI, n. 2, p. 121, nota 2.

123. São vários os acórdãos do Tribunal Federal de Recursos, em geral contrários à incidência do imposto de renda sobre proventos ou lucros obtidos na exploração ou na prática de jogos de azar e, especialmente, do chamado "jogo do bicho". Eis a ementa da primeira dessas decisões: "O lucro porventura auferido com a prática de jogos de azar escapa à tributação, porque o Estado não pode cobrar imposto de uma atividade que ele condena, não admite e pune" – Acórdão publicado na *RDA*, vols. 22/35. No mesmo sentido, consultem-se, na mesma *Revista*, vols. 34/80 e 44/65. Consulte-se, igualmente, a *Revista Fiscal e de Legislação Fazendária*, dirigida por Tito Rezende, ano de 1957, seção de imposto de renda, Decreto n. 282. O Tribunal Federal de Recursos, no entanto, já admitiu alguma vez a tese contrária: Cf. *RF*, vol. 170/209. Pela tributação, cf. ainda, decisão do 1º Conselho de Contribuintes, *in RDA*, vol. 35/48.
Nota do Atualizador: É hoje pacificamente admitida a tributabilidade dos rendimentos resultantes de atividades ilícitas ou percebidos com infração à lei. O art. 767 do Regulamento do Imposto de Renda (RIR), Decreto nº 85.450, de 04.12.80, com fundamento no art. 26 da Lei n. 4.506, de 30.11.64 dispõe: "Os rendimentos derivados de atividades ou transações ilícitas, ou percebidos com infração à lei, são sujeitos a tributação, sem prejuízo das sanções que couberem."

124. Como bem lembrando pelo professor Robson Maia Lins, a jurisprudência tem admitido a tributação de rendimentos de atividades criminosas com fundamento no princípio do "*non olet*", fazendo referência ao HC 77530: Sonegação fiscal de lucro advindo de atividade criminosa: "non olet". Drogas: tráfico de drogas, envolvendo sociedades comerciais organizadas, com lucros vultosos subtraídos à contabilização regular das empresas e subtraídos à declaração de rendimentos: caracterização, em tese, de crime de sonegação fiscal, a acarretar a competência da Justiça Federal e atrair pela conexão, o tráfico de entorpecentes: irrelevância da origem ilícita, mesmo quando criminal, da renda subtraída à tributação. A exoneração tributária dos resultados econômicos de fato criminoso – antes de ser corolário do princípio da moralidade – constitui violação do princípio de isonomia fiscal, de manifesta inspiração ética. (*Curso de direito tributário brasileiro*. 2ª ed. São Paulo: Noeses, 2022, p. 422). (Tatiana Falcão)

125. No atual regulamento IR, também há previsão referente à tributação dos rendimentos derivados de atividades ilícitas – art. 47, X, do Decreto 9.580/2018. (Tatiana Falcão)

É verdade que alguns autores, embora aceitem a conclusão de serem tributáveis as operações ou atividades apreciadas, fazem restrições à plenitude desse entendimento, como é o caso de Oronzo Quarta, de Antonio Berliri e Ottmar Bühler.[126]

A doutrina dominante, porém, manifesta-se pela tributação irrestrita.[127]

---

126. Quarta, *Commento alla Legge Sulla Imposta di Richezza Mobile*, Ed. Libreria, Roma--Milão-Nápoles, 1917, 3ª ed., vol. I, pp. 209 a 216, n. 66, distingue entre atividades imorais toleradas e atividades propriamente *contra legem*, para excluir a tributação somente no segundo caso, sob o fundamento de que "in tale ipotesi sarebbe veramente assurdo che si comprendesse tra i redditi che debbano concorrere alle spese della sociale comunanza ciò che per legge non potrebbe avere esistenza, ciò che giuridicamente sarebbe impossibile" (cf. pp. 212 e 213). Quanto às atividades imorais, entretanto, opina Quarta pela incidência de tributos e mostra mesmo que desde Roma tal era a prática; assim é que a *lustralis collatio ou chrysargyrion*, incidente sobre os proventos industriais, comerciais e profissionais, se estendiam ao salário das prostitutas e aos ganhos daqueles que as exploravam, umas e os outros compreendidos, para esse efeito, nos conceitos de *mercatores* ou *negotiatores*, cf. Quarta, op. cit., p. 214. Quanto a A. Berliri, *Principi*, cit., vol. II, tomo I, também ele admite a tributação de proventos ou lucros decorrentes de atividades ilícitas (p. 229): entende mesmo que se a lei exonerasse o contribuinte nessas condições, estaria inquinada de inconstitucionalidade, por violação ao princípio constitucional da tributação segundo a capacidade contributiva. A restrição que faz Berliri, sob o mesmo fundamento de ofensa ao princípio da capacidade contributiva, diz respeito à tributação discriminatória de tais atividades, a menos que se demonstre a maior capacidade econômica daqueles que as exerçam (p. 232). Efetivamente, se a tributação discriminatória de tais atividades tiver nítida finalidade extrafiscal, a sua legitimação dependerá de ter o respectivo sujeito ativo competência para o exercício do poder de polícia (*police power*) sobre a matéria. A opinião de Bühler encontra-se no seu *Steuerrecht, Grundriss in zwei Bänden, Betriebswirtschaftlicher*, Verlag Dr. Th. Gabler, Wiesbaden, quer na 2ª edição de 1933, 1º vol., pp. 101 e 102, quer na 3ª edição de 1959, aos cuidados de Georg Strickrodt, 1º vol., 1º tomo, pp. 180 e 181. Afirma Bühler o princípio da tributação das atividades ilícitas e contrárias aos bons costumes, por ele designado, aproveitando uma frase de Hensel, de princípio do *non olet*: "no Direito Tributário tem, pois, prevalecido princípio do '*non olet*'"; p. 180 da 3ª ed.; repugna-lhe, porém, do ponto de vista da edificação dos bons costumes, a tributação de certas atividades contrárias à moral, como é o caso dos bordéis (*Bordellbetrieb*): "pelo menos aquelas atividades que se reputam imorais no mais extremo sentido do termo, devem ser excluídas de tratamento tributário" (p. 181 da 3ª ed.). Uma posição singular é a de Giorgio Tesoro, que entende não ter natureza tributária, mas de sansão pecuniária a receita que o Estado arrecade, adotando como pressuposto o exercício de uma atividade ilícita, cf. *Principi di Diritto Tributario*, Bari, Dott. Luigi Macri – Ed., 1938, p. 175: "ocorre anche avvertire infine, che il presupposto di fatto, e cioè la causa giurídica di una obbligazione tributaria, non può in alcun caso essere constituita da un fatto illecito – civile, amministrativo o penale – compiuto dal soggetto passivo dell'obligazione; quando da un fatto illecito sorge l'obbligo di soddisfare una prestazione pecuniaria, questa ha carattere di sanzione, non di tributo; corrisponde alla pretesa punitiva dello stato, non alla sua attività finanziaria".

127. Cf. Albert Gierschmann, em colaboração com Artur Zöller, *Die Grundlagen des Deutschen Steuerrechts*, Eric Schmidt Verlag, 1959, vol. I, p. 131; Polland, op. cit., pp. 35 a 38; Wilhelm Hartz, *Die Auslegung von Steuergesetzen – Inhalt und Grezen der*

Nem pode ser de outro modo, se se tomar em consideração a natureza do fato gerador da obrigação tributária, como um fato jurídico de acentuada consistência econômica, ou um fato econômico de relevância jurídica, cuja eleição pelo legislador se destina a servir de índice de capacidade contributiva.[128-129] A validade da ação, da atividade ou do ato em Direito Privado, a sua juridicidade ou antijuridicidade em Direito Penal, disciplinar ou, em geral, punitivo, enfim, a sua compatibilidade ou não com os princípios da ética ou com os bons costumes não importam para o problema da incidência tributária; por isso que a ela é indiferente à validade ou nulidade do ato privado através do qual se manifesta o fato gerador: desde que a capacidade econômica legalmente prevista esteja configurada, a incidência há de inevitavelmente ocorrer.

A tese contrária representa, no acertado dizer de Popitz, a manifestação de um sentimentalismo ilógico e infundado e, do ponto de vista tributário, conduz, isto sim, à violação do princípio da isonomia fiscal.

---

wirstchaftlichen Betrachtungsweise, Industri Verlagsbuchhandlung – Herne, pp. 53 e 54; A. D. Giannini, *Il Rapporto,* cit., p. 160; Franz Schneider, *Das Abgabengenwaltverhältnis – Grundzüge eines Materiellen Teils,* Tübigen, Verlag von J. C. B. Mohr (Paul Siebeck), 1918, p. 23; Ezio Vanoni, *Natura ed interpretazione delle Leggi Tributarie,* no volume *Opere Giuridiche,* aos cuidados de Francesco Forte e Cesare Longobardi, Milão, Giuffrè, 1961, vol. I, p. 141; ou na excelente tradução de Rubens Gomes de Souza, *Natureza e Interpretação das Leis Tributárias,* Ed. Financeiras, Rio de Janeiro, p. 164; Francesco Forte, "Il Trattamento Fiscale delle Attività Illecite", *Rivista,* cit., pp. 119 a 131, além de outros.

128. No que tange à capacidade contributiva, há doutrinadores, como a professora Anna L. Malerbi, que relacionam tal princípio ao da dignidade da pessoa humana, por entender que este, por ser maior, abrangeria o direito de propriedade, direito fundamental tutelado pela Constituição Federal vigente. A autora leciona: "Anote-se também que na relação Fisco-contribuinte, que será abordada, a isonomia espelhada no princípio da capacidade contributiva é reflexo direto da observância da dignidade humana. (...)
Há também entrosamento da dignidade humana com os direitos sociais, econômicos e culturais, a direcionar atividade prestacional do Estado, rol dos direitos positivos, atuando o princípio da dignidade humana como justiça social. É a chamada garantia de uma existência digna, envolvendo a proteção ao mínimo existencial". (CASTRO, Anna Lucia Malerbi de. O princípio da dignidade da pessoa humana e a norma jurídica tributária. São Paulo: Noeses, 2019, p. 113). (Tatiana Falcão)

129. Na temática de direitos sociais, vale mencionar Súmula vinculante 12, editada quanto ao direito de educação: "A cobrança de taxa de matrícula nas universidades públicas viola o disposto no art. 206, IV, da Constituição Federal". (Tatiana Falcão)

Haveria na exoneração tributária um resultado na verdade contraditório, por isso que se estaria abrindo aos contraventores, aos marginais, aos ladrões, aos que lucram com o furto, o crime, o jogo de azar, o proxenetismo etc., a vantagem adicional da exoneração tributária, de que não gozam os contribuintes com igual capacidade contributiva decorrente da prática de atividades, profissões ou atos lícitos.

Oportunas, no particular, são as palavras de Albert Hensel: "Justamente o princípio da igualdade da tributação não consegue que ao contribuinte seja permitido abrir as portas do eldorado fiscal por meio de atividades imorais ou ilícitas."[130]

Eis aí um obséquio que a correta identificação da consistência econômica do fato gerador oferece: a indiferença, para o Direito Tributário, de ser civil ou penalmente ilícita a atividade em que se consubstancie o fato gerador, não porque prevaleça naquele ramo do Direito uma concepção ética diversa, mas sim porque o aspecto que interessa considerar para a tributação é o aspecto econômico do fato gerador ou a sua aptidão a servir de índice de capacidade contributiva.

Em matéria tributária, no que se refere ao fato gerador, poderia resumir-se essa verdade, como o fez Hensel quando tratou das atividades ilícitas, com a fórmula sintética - *non olet*: "vale efetivamente para elas, num sentido translato, a expressão: *non olet*".[131]

---

130. Cf. "Der Einfluss des Steuerrechts auf die Begriffsbildung des Öffentlichen Rechts", no caderno n. 3 das *Veröffentlichungen der Vereinigung der Deutschen Staatsrechtslehrer*, Berlin e Leipzig, Walter de Gruyter & Co., 1927, p. 98.

131. Cf. Hensel, *Der Einfluss...*, cit., p. 98. As expressões – *non olet* – no texto usadas por Hensel e de que Bülier se servira para designar o "princípio do *non olet*" ("das Prinzip des *non olet*") – (cf. nossa nota 32, *retro*), são atribuídas a Vespasiano, em resposta a seu filho Tito que lhe sugeria extinguir o imposto, então criado, sobre as cloacas ou mictórios públicos – os ironicamente chamados de *monumenta Vespasiani* ou simplesmente *Vespasiani*. Quis o imperador romano desse modo significar que o dinheiro não tem cheiro, importando essencialmente ao Estado o emprego que faça dos seus tributos e não a circunstância de reputar-se ridícula ou repugnante a fonte de que provenham. Claro está que, na sua versão atual, as expressões perderam o conteúdo cínico da anedota, para se penetrarem de alto sentido ético, qual o de procurar atingir isonomamente a capacidade econômica do contribuinte sem preconceitos falsos ou ingênuos pruridos de sentimentalismo piegas quanto à licitude da atividade

Bem andou o Projeto de Código Tributário Nacional quando, inspirando-se no inciso 2º do § 5º da *Steueranpassungsgesetz*, registrou o princípio que se encontra em seu art. 85:

> A circunstância dos negócios ou atos jurídicos celebrados ou praticados serem inexistentes, nulos ou anuláveis, ou terem objeto impossível, ilegal, ilícito ou imoral não exclui, modifica ou difere a tributação, desde que os seus resultados efetivos sejam idênticos aos normalmente decorrentes do estado de fato ou situação jurídica que constitua o fato gerador da obrigação tributária principal, observado, porém, o disposto no n. IV do art. 130.[132]

24. Causa da obrigação tributária

Alguns autores, para chegarem aos resultados por nós alcançados, vão buscar apoio numa noção complementar que consideram elemento integrante da relação tributária – a noção de causa.

Não nos cumpre, nos limites deste trabalho, examinar esse controvertido e, a nosso ver, equivocado conceito de causa da obrigação tributária.[133]

---

que constitua o fato gerador do tributo.

132. Este dispositivo, com alterações, resultou no art. 118 do Código Tributário Nacional (Lei n. 5.172) – Nota do Atualizador.

133. Quanto à bibliografia sobre a causa da obrigação tributária ou, como querem alguns, do fato gerador (Jarach), cf. as seguintes obras: Dino Jarach, *El hecho*, cit., pp. 76 e segs.; *idem, Curso Superior de Derecho Tributario,* Liceo Profesional "Cima", Corrientes e Buenos Aires, vol. I, pp. 179 a 188; Aliomar Baleeiro, *Limitações Constitucionais,* cit., 2ª ed., pp. 293 e segs.; Rubens Gomes de Sousa, *Preleções,* cit., pp. 87 e segs.; Gilberto de Ulhoa Canto, *Temas de Direito Tributário,* Ed. Financeiras, Rio de Janeiro, pp. 330 e segs. ou o verbete "Causa das Obrigações Fiscais", *in Repertório Enciclopédico do Direito Brasileiro,* dirigido por J. M. de Carvalho Santos, Ed. Borsoi, Rio de Janeiro, vol. VIII, pp. 2 e segs.; Carlos da Rocha Guimarães, "O Problema da Causa no Direito Tributário", *in RDA*, vols. 45/1 e segs., e 46/62 e segs.; Aster Rotondi, *Appunti sull'Obbligazione Tributaria,* Cedam, Pádua, 1950, pp. 1 a 70; Carlos M. Giuliani Fonrouge, *Derecho Financiero,* Ed. Depalma, Buenos Aires, 1962, 1º vol., pp. 397 e segs.; G. A. Posadas – Belgrano, *Derecho Tributario,* Ed. Medina, Montevidéu, p. 154; Renzo Pomini, *La "Causa Impositionis" nello Svolgimento Storico della Dottrina Finanziaria,* Milão, Giuffrè, 1951, pp. 227 e segs.; Ramon Valdes Costa, *Curso de Finanzas,* Centro Estudiantes de Derecho, 3ª ed., 1962, vol. 1º, p. 185; Fernando Sáinz de Bujanda, *Hacienda y Derecho,* Instituto de

Queremos, de qualquer forma, ao chegar à parte final deste capítulo, salientar que a exata noção de fato gerador, com vistas à sua consistência ou essência econômica, é suficiente para oferecer os critérios necessários à interpretação econômica ou, se se quiser, funcional da lei tributária, sem que para tanto seja necessário recorrer a conceitos outros, como o discutidíssimo, variável e inútil conceito de causa.

25. Impostos sobre atos ou negócios jurídicos

Entre as diferentes espécies tributárias, costumam os escritores e mesmo a legislação distinguir os chamados impostos sobre atos ou negócios jurídicos, ou sobre transações jurídicas, ou sobre a circulação jurídica (*Rechtsverkehrssteuern*), caracterizando-os por terem como fato gerador um ato ou negócio jurídico.

A Constituição Federal de 1946 assim se referia à competência federal para decretar o imposto do selo, quer no n. VI do art. 15, quer sobretudo no primitivo § 5º, depois, na Emenda Constitucional n. 5, de 21 de novembro de 1961, numerado como § 7º do mesmo art. 15.[134-135-136]

Estudios Políticos, Madri, 1962, vol. II, p. 275.

134. Estabeleciam as citadas disposições da Constituição Federal de 1946; "Art. 15. Compete à União decretar impostos sobre: (...) VI – negócios de sua economia, atos e instrumentos regulados por lei federal (...) § 5º. Não se compreendem nas disposições do n. VI, os atos jurídicos ou os seus instrumentos, quando foram partes a União, os Estados ou os Municípios, ou quando incluídos na competência tributária estabelecida nos arts. 19 e 29." Emenda Constitucional n. 5, de 21.11.61: "Redijam-se assim os seguintes parágrafos do art. 15: (...) § 7º. Não se compreendem nas disposições do n. VI os atos jurídicos ou os seus instrumentos, quando incluídos na competência tributária estabelecida nos arts. 19 e 29." (Nota do Atualizador).

135. A CF/88 apresenta cinco espécies de tributos: impostos, taxas, contribuições de melhoria, empréstimos compulsórios e contribuições sociais e de intervenção no domínio econômico, o que é denominado pela doutrina de "classificação quinquipartite". Fundamento legal: arts. 145, I, II e III; 148 e 149. (Tatiana Falcão)

136. Dentre as contribuições sociais, estão inseridas as contribuições profissionais, como as da OAB, CREA, CRM etc. Isto quer dizer que tais órgãos de fiscalização profissional acabam gerindo dinheiro público. No entanto, a cobrança é feita no âmbito federal, o que foi pacificado pela Súmula 66 do STJ: "Compete à Justiça Federal processar e julgar execução fiscal promovida por Conselho de Fiscalização Profissional". (Tatiana Falcão)

A nossa tese de que o fato gerador é um fato jurídico – um fato econômico de relevância jurídica[137] – e jamais um ato negocial ou um negócio jurídico não importa em rejeitar aquela denominação de impostos sobre atos ou negócios jurídicos, desde que se lhe dê a acepção adequada e própria.

Algumas vezes, como dissemos, o legislador tributário identifica o fato gerador pela menção a atos ou negócios jurídicos; assim procede para designar elipticamente, a relação econômica típica subjacente no negócio ou ato.

Desde, portanto, que ao aludir àquela espécie de impostos se tenha em mente essa verdade, não há inconveniente no emprego da designação.

26. Conclusão

Demonstra-se assim a segunda característica conceptual do fato gerador – tratar-se de um fato jurídico, de acentuada e prioritária consistência econômica.

De tal circunstância várias consequências decorrem, quer quanto ao critério aplicável à interpretação e aplicação da lei tributária (método da interpretação econômica), quer quanto à solução do problema da tributação dos atos nulos ou anuláveis e das atividades ilícitas, criminosas ou imorais e contrárias aos bons costumes, quer quanto aos poderes de investigação do fisco em matéria de simulação.

---

137. Enquanto se observa o autor lecionando acerca do "fato econômico de relevância jurídica", na atualidade, acessamos as lições da Ministra do STJ e Prof. Regina Helena Costa, ao tratar acerca do **Conceito constitucional de tributo**: "(...) *tributo corresponde a uma relação jurídica existente entre Estado e contribuinte, uma vez implementada determinada situação fática prevista em lei como autorizadora dessa exigência, cujo objeto consiste numa prestação pecuniária, não revestida de caráter sancionatório, e disciplinada por regime jurídico próprio*. Tal situação fática pode ou nã estar vinculada a uma atuação estata, mas, em todos os casos, ostentará *conteúdo econômico*. (...)". (grifos/destaques da autora). (*Código Tributário Nacional Comentado* - Em sua moldura constitucional. 3ª ed. Rio de Janeiro: Forense, 2023, p. 5). (Tatiana Falcão)

Capítulo IV

NASCIMENTO DA OBRIGAÇÃO TRIBUTÁRIA PRINCIPAL

Sumário: 27. *Fato gerador: causalidade jurídica*. 28 *a* 35. *Lançamento, natureza jurídica*. 36. *Incidência, não incidência, imunidade e isenção*. 37. *Fatos geradores, simples e complexos*. 38. *A "condicio juris" em Direito Tributário*. 39 *e* 40. *Fatos geradores instantâneos e complexivos*. 41. *Fatos geradores complementares ou acessórios*. 42. *Fato gerador e retroatividade*. 43. *Sujeito passivo principal*. 44. *Distinção dos tributos "in genere"*. 45. *Impostos "in specie": discriminação de rendas*. 46. *Impostos diretos e indiretos*. 47. *Base de cálculo*. 48. *Tributos adicionais*. 49. *Penalidades pecuniárias*.

27. Fato gerador: causalidade jurídica

Resta, para que se complete o conceito de fato gerador, estudar a terceira das características mencionadas, ou seja, a circunstância de que o fato gerador se determina pela consequência jurídica específica que se destina a produzir.

Essa consequência jurídica específica consiste no nascimento ou no surgimento da obrigação de prestar o tributo, ou seja, da obrigação tributária principal: o fato gerador constitui o ponto de partida, o momento inicial da instauração de tal relação jurídica obrigacional.[138]

Explica-se desse modo o sentido enfático que Antonio Berliri quis atribuir a tal ideia, ao afirmar a sentença: "la fattispecie si determina in funzione degli effetti e non gli effetti in funzione della fattispecie".[139]

É seguramente no aspecto da causalidade jurídica que reside o traço mais importante, poder-se-ia dizer o mais nobre, da teoria do fato gerador.

Sim, porque, consubstanciando-se o momento da gênese da obrigação tributária principal no da ocorrência do fato gerador, a entidade ou natureza funcional deste é determinante de inúmeros outros conceitos subordinados que, por seu

---

138. Para o debate sobre a natureza da relação jurídica tributária, cf. doutrina citada na nota 1 do cap. I. Quanto à assertiva feita no texto, é modelar o ensinamento de A. Berliri, *Principi*, cit., vol. II, tomo I, p. 207: "Si è relevato piú sopra come una fattispecie si determini in funzione di un dato effetto giuridico, donde la conseguenza che la fattispecie dell'obbligazione tributaria è quella che, verificandosi, genera tale obbligazione."

139. Cf. A. Berliri, *Principi*, cit., vol. II, tomo I, p. 204. Aliás, em um plano geral, Domenico Rubino, na sua clássica monografia, *La Fattispecie e gli Effetti Giuridici Preliminari*, Milão, Giuffrè, 1939, XVII, quer quando define a *fattispecie* (pressuposto de fato ou, na tradução de Flávio Bauer Novelli, *fatespécie*, cf. *A Eficácia do Ato Administrativo*, Rio de Janeiro, 1960, p. 11), quer quando se refere ao fato jurídico, adota como critério a entidade funcional, antes que ontológica desses conceitos. Assim, à p. 1: "La dinamica del diritto ruota fra i due poli: le fattispecie ed i corrispondi effetti giuridici. Giova appena ricordare che per fattispecie si intende il complesso degli elementi necessari per la produzione di un effetto o di un insieme die effetti." Mais adiante, à p. 15, nota 1, e também à p. 95, sobre o fato jurídico: "Il fatto giuridico, invece, è un'entità funzionalmente giuridica: la sua giuridicità attiene non al suo essere, ma alla sua funzione: in tanto esso esiste come fatto giuridico, inquanto produce effetti giuridici." Igualmente, à p. 86: "Il fatto giuridico, in genere, configura non una categoria ontologica, ma una categoria funzionale: esso, cioè, in tanto esiste come tale, in quanto produce effetti giuridici (o li produrà, allorquando la fattispecie sarà completa). La esistenza del fatto giuridico, in genere, e quindi anche del negozio giuridico, è, per cosi dire, una esistenza funzionale, non una esistenza ontologica." Finalmente, à p. 48, num paralelo entre efeito jurídico e fato jurídico: "L'effetto giuridico è una categoria ontologica, la quale si fonda sulla natura intrínseca delle entità, che vi rientrano; il fatto giuridico (fatto giuridicamente rilevante), invece, è una categoria funzionale, composta cioè di entità, che in tanto esistono come tali, in quanto ad esse l'ordinamento collega effetti giuridici."

turno, constituem aspectos da mencionada relação obrigacional. Serão eles a seu tempo examinados.

28. Lançamento, natureza jurídica

De logo convém recordar que não é manso e tranquilo o entendimento que exprimimos quanto à função do fato gerador como pressuposto e ponto de partida da obrigação tributária.

Alguns autores dissentem dessa conclusão, afirmando que tal função criadora deve ser atribuída ao lançamento.

Contestam estes que o lançamento tenha, como à maioria da doutrina e a nós parece ter, natureza declaratória.[140]

---

140. Em Direito germânico atual, a doutrina é mais ou menos uniforme na afirmação da natureza declaratória do lançamento. Para isso contribui, inegavelmente, a posição reiteradamente tomada pelo legislador alemão, dispondo que a obrigação remonta à data do fato gerador. É o que decorre do § 1º, inciso 1º, da *Reichsabgabenordnung*. "Impostos são... prestações em dinheiro... impostas... a todos aqueles a quem se refere o fato gerador ao qual a lei vincula o dever de prestação." Outro tanto resulta ainda mais incisivamente, do § 3º, incisos, 1º e 2º da *Steueranpassungsgesetz*: "1. A obrigação tributária surge assim que se tenha verificado o fato gerador ao qual a lei vincula o imposto; 2. É irrelevante para o surgimento da obrigação tributária a determinação sobre se e quando deve ser pago (quando deve vencer) o tributo." Na doutrina, além das opiniões mais tímidas de Otto Mayer, *Derecho Administrativo Alemán*, trad., Depalma, Buenos Aires, 1950, tomo II, p. 214, e de Fritz Fleiner, *Les Principes Généraux du Droit Administratif Allemand*, trad., Paris, Delagrave, 1933, p. 262, consulte-se W. Merk, op. cit., p. 63: "Assim sendo, o lançamento (*Veranlagung*) da obrigação tributária e sua notificação (*Bekanntgabe*), no caso daqueles tributos para os quais aquele está previsto, não tem efeito constitutivo (*rechtsbegründede*), mas, em verdade, somente uma função declaratória: ele apenas torna certo se alguém é devedor de um tributo e qual o montante do débito". Cf. ainda Albert Gierschmann e Artur Zöller, op. cit., vol. I, p. 39: "Não influi, pois, no surgimento de uma obrigação tributária, se e quando o débito correspondente é lançado *(festge-setztwird)* pelo funcionário competente." Entre autores que tomam posição ora intermediária, ora atribuindo eficácia constitutiva ao lançamento, ora enfim emprestando-lhe uma eficácia semelhante à da coisa julgada material (Widmer), cf. Ernest Blumenstein, *System*, cit., p. 292, que, depois de reconhecer que, preexistindo ao lançamento os elementos materiais para o nascimento da exigência tributária (*Entstehung der Steuerforderung),* não deve no particular atribuir-se ao lançamento eficácia constitutiva "razão por que não cabe reconhecer ao lançamento tributário (*Steuerveranlagung*), enquanto tal, eficácia fundante (*Entstehungswirkung*) – (eficácia constitutiva)", acrescenta não se lhe poder aplicar o rótulo de ato declaratório pelo menos no que tange à função daquele ato, relativamente ao aperfeiçoamento da obrigação tributária" em relação aos impostos sujeitos a

lançamento (*Veranlagungsteuern*), tem este, em sentido técnico, a função e o efeito de uma liquidação do crédito tributário (*Perfektionierung der Steuerforderung*)"; cf. ainda Albert Hensel, *Diritto Tributario,* trad. de D. Jarach, 1956, Milão, Giuffrè, p. 72; *idem, Der Einfluss...,* cit., pp. 82 e 83; O. Bühler, *Steuerrecht,* cit., vol. I, p. 214; Ernest Max Widmer, *Die Steuerliche Haftung der Erben im Nachsteuer – und Steuerstrafrecht,* Juris-Verlag, Zurique, 1952, pp. 3 e 4.

No Direito italiano reina grande divergência entre os autores, que ora emprestam o lançamento eficácia meramente declaratória (chefe de escola: A. D. Giannini); ora lhe atribuem uma qualificação intermediária de ato de declaração constitutiva (*accertamento costitutivo*), isto é, ato estruturalmente declaratório e funcionalmente constitutivo (tese de Vignocchi); ora distinguem na obrigação tributária, de acordo com o esquema da *obligatio* romana, os momentos do *debitum* ou *Schuld* e do *obligatum esse, obligatio* em sentido estrito ou *Haftung,* para afirmar que o lançamento é constitutivo quanto a esse segundo aspecto (tese de Aster Rotondi); ora afirmam a natureza constitutiva, em termos relativos (tese de Antonio Berliri) ou de modo radical, já então acrescentando que somente com o lançamento tem origem a obrigação tributária (tese do ato de imposição, defendida por Enrico Allorio e Gustavo Ingrosso). Cf. entre outros. A. D. Giannini, *I Concetti Fondamentali del Diritto Tributario,* Utet, 1956, pp. 274 e 284; *idem, Il Rapporto Giuridico d'Imposta,* 1937, XV, Milão, Giuffrè, p. 232; *idem, Istituzioni,* cit., 1960, pp. 145 e segs.; Mario Pugliese, *Instituciones de Derecho Financiero, Derecho Tributario,* trad. 1939, México, Fondo de Cultura Económica, p. 143; Giorgio Tesoro, *Principii di Diritto Tributario,* 1938, Città di Castello-Bari, p. 181 e também pp. 186 e 187 (nesse último passo adere à teoria do *accertamento costitutivo*); Dino Jarach, *El Hecho,* cit., pp. 33 e 39; *idem, Curso Superior de Derecho Tributario,* Liceo Profesional "Cima", Buenos Aires, vol. 1º, p. 306; Vito Bompani, *Appunti dalle Lezioni di Técnica Tributaria,* 1956, Milão, Giuffrè, p. 45; *idem, L'Imposta Complementare Progressiva sul Reddito,* Pádua, Cedam, 1939, p. 198; Aster Rotondi, *Appunti sull'Obbligazione Tributaria,* 1950, Pádua, Cedam, p. 75 e, especialmente p. 133; Ernesto d'Albergo, verbete "Accertamento Tributario", *in Novíssimo Digesto Italiano,* dirigido por A. Azara e E. Eula, Utet, vol. 1º, tomo 1º, p. 127; Gustavo Ingrosso, *Diritto Finanziario,* Ed. Dott. E. Jovene, Nápoles, 1954, p. 657; Enrico Allorio, *Diritto Processuale Tributario,* Utet, 2ª ed., pp. 4 e segs. e pp. 124 e segs.; *idem, La Vita e la Scienza del Diritto in Italia e in Europa e Altri Studi,* Giuffrè, Milão, 1957, p. 281; Antonio Berliri, *Principi,* cit., vol. II, tomo I, pp. 187 e segs.; Benedetto Cocivera, "Sull'Accertamento Tributario", no volume *Finanza Pubblica Contemporanea Studi in Onore di Jacopo Tivaroni,* Bari, Gius. Laterza &Figli, 1950, pp. 85 e segs.; Gustavo Vignocchi, *Gli Accertamenti Costitutivi nel Diritto Amministrativo,* Milão, Giuffrè, 1950, p. 9, nota 15, p. 27, p. 31, nota 35, pp. 33, 193, 194 e 202 a 214; Michele M. G. Perini, *Osservazioni sull'Accertamento Costitutivo nel Diritto Amministrativo,* Pádua, Cedam, 1953, pp. 83 e segs.; Ugo Gargiulo, *Il Concordato Tributario*, Jovene, Nápoles, 1947, pp. 4 e segs.; Armando Giorgetti, *L' Evasione Tributaria,* Roma, I. E. G., 1958, pp. 75 e segs., especialmente pp. 84 a 86; Luigi Galateria, *Teoria Giuridica degli Ordini Amministrativi,* Milão, Giuffrè, 1950, pp. 168 e segs.; sobre o lançamento em geral, cf. Gaetano Liccardo, *L' Accertamento Tributario,* Jovene, Nápoles, 1956, *passim.* Quanto ao Direito francês, consultem-se Louis Trotabas, *Précis de Science et Législation Financières,* 10º ed., Paris, Dalloz, 1950, p. 273 (ai: "le plus important de ces actes administratifs est incontestablement le *rôle,* qui constitue réellement *l'acte de naissance du contribuable*"); *idem, Science et Technique Fiscales,* Paris, Dalloz, 1958, p. 259; Lucien Mehl, *Science et Technique Fiscales,* Presses Universitaires de France, Paris, 1959,

Há, segundo ousamos supor, um equívoco por parte daqueles que atribuem ao lançamento quer a eficácia constitutiva, quer a qualificação de ato de declaração constitutiva (*accertamento costitutivo*): esse equívoco reside na conceituação que emprestam ao ato declaratório.

Entendem, de fato, esses autores que o lançamento não é ato declaratório, porque, nos casos em que se prevê a sua expedição, o débito tributário só pode ser exigido e mesmo pago depois de praticado aquele ato. Chegam mesmo alguns

---

vol. 1º, p. 59; Jean Mégret, *Précis de Droit Fiscal*, 1949, Ed. du Pretoire, Paris, p. 14; Gaston Jèze, *O Fato Gerador do Imposto (Contribuição à teoria do crédito de imposto) in RDA*, vol. II, fasec. 1º, p. 53; *idem*, "Natureza e Regime Jurídico do Crédito Fiscal", na mesma *Revista*, vol. III, p. 59. Quanto ao Direito espanhol, cf. Miguel Fenech, *Derecho Procesal Tributario*, 1949, Bosch, Barcelona, vol. I, pp. 203 e segs.; J. J. Perulles Bassas, *Lecciones de Derecho Fiscal – La Relación Jurídico-Tributaria*, 1957, Bosch, Barcelona, p. 259. Quanto à Argentina e ao Uruguai, respectivamente, consultem-se a magnífica obra de Carlos M. Giuliani Fonrouge, *Derecho Financiero*, Depalma, Buenos Aires, 1962, vol. I, pp. 327 e segs. e, especialmente p. 433; e G. A. Posadas Belgrano, *Derecho Tributário*, Ed. Medina, Montevidéu, 1959, p. 249. No Direito brasileiro, a orientação dominante se manifesta em prol da eficácia declaratória do lançamento, cf. Aliomar Baleeiro, *Limitações*, cit., 2ªed., pp. 36 e 37; *idem, Uma Introdução à Ciência das Finanças*, 2ª ed., Forense, 1958, vol. I, pp. 280 e 281 (nessa obra o eminente fiscalista se inclina pela eficácia constitutiva do lançamento, em termos semelhantes aos de Trotabas e Jèze); Rubens Gomes de Sousa, *Compêndio*, cit., 1ª ed., pp. 69 e 79, ou na 3ª ed., Parte Geral, p. 83; este mesmo autor, anteriormente, não parece que afirmasse do mesmo modo a função declaratória do lançamento, como se pode ler em *Estudos de Direito Tributário*, Saraiva, São Paulo, 1950, pp. 165 até 167; já mais tarde, nas suas *Preleções*, cit., pp. 108 e 109, adotara uma posição intermediária, afirmando tratar-se de ato declaratório quanto à obrigação tributária e constitutivo do crédito tributário – para o que adotou uma distinção, que nos parece inaceitável, entre obrigação e crédito tributários. A verdade é que essa mesma solução bifronte ficou consagrada no Projeto de Código Tributário Nacional, consoante se lê no seu art. 105 e, bem assim, no Relatório de Rubens Gomes de Sousa, *in Trabalhos*, cit., pp. 188 e 20; (cf. arts. 42 e 144 do C.T.N.), cf. ainda Carlos da Rocha Guimarães, "*Introdução ao Direito Fiscal*", no volume *Elementos de Direito Tributário*, Ed. Financeiras, Rio de Janeiro, pp. 14 e 15; *idem*, "O Processo Fiscal", no volume elaborado em cooperação com outros sob o título *Problemas de Direito Tributário*, Ed. Financeiras, Rio de Janeiro, 1962, p. 100; Amilcar de Araújo Falcão, *Direito Tributário Brasileiro*, cit., p. 20; Ruy Barbosa Nogueira, "Criação e Formalização do Débito Fiscal", separata da *RT*, São Paulo, vols. 273/48.

Nota do Atualizador: A solução bifronte a que se refere Falcão foi a adotada pelo Código Tributário Nacional, especialmente pelo seu art. 142, que corresponde ao citado art. 105 do Projeto.

doutrinadores (Allorio, por exemplo, com a sua teoria do ato de imposição) a asseverar que antes do lançamento não há obrigação tributária ou relação jurídica tributária de qualquer espécie, ou, quando muito, haverá mero interesse legítimo da Fazenda. Acrescentam que tanto não é declaratório o ato que, para a sua elaboração, muitas vezes, se consente à administração a formulação de ajuizamentos discricionários.[141-142]

29. É preciso não esquecer que os conceitos de constitutividade e de declaratoriedade são relativos.[143]

Entendidas as coisas em termos absolutos, todos os atos que não fossem inúteis ou irrelevantes seriam necessariamente constitutivos, ou, na expressão de Kelsen: "todo ato que não for supérfluo, e, por conseguinte, totalmente irrelevante, tem que ser constitutivo".[144]

Alguma eficácia ou virtude inovadora tem o ato declaratório, seja na eliminação de um estado de dúvida e consequente criação de um estado de certeza, seja na energia que empresta a direitos preexistentes e que importa na inoculação de um efeito positivo sobre a eficácia desses mesmos direitos.

Daí o dúplice traço que se indica no ato declaratório: *a)* preexistência de um direito, que ele se limita a reconhecer, sem gerar efeito algum sobre a criação, transferência, modificação ou extinção do direito – esse o aspecto estático do ato declaratório; *b)* configuração de um entrave ou embaraço ao exercício do mesmo direito preexistente, isto é, sua ineficácia

141. Quanto ao lançamento, vide arts. 142 a 150 do CTN. (Tatiana Falcão)

142. Na constituição de créditos tributários, muitas vezes surge a figura dos terceiros. Nesta modalidade, a doutrina tem desenvolvido a figura do "alterlançamento", muito bem explanada pelo professor Henrique Mello, cuja leitura se torna imprescindível em: *Os terceiros na sujeição passiva tributário e o alterlançamento*. São Paulo: Noeses, 2020. (Tatiana Falcão)

143. Cf. Vignocchi, *Gli accertamenti...*, cit., p. 98.

144. *Apud* Vignocchi, *Gli accertamenti...*, cit., p. 98, nota 19.

prática ou jurídica (para repetir as expressões de Merle), que o ato declaratório se destina, ou pode destinar-se a remover, com a instauração do estado de certeza dele decorrente – esta a função dinâmica do ato declaratório, que já foi chamada de função reparadora ou clínica.[145]A doutrina em geral afirma essa virtude inovadora do ato declaratório.

Eis o pensamento de Pierre Hébraud: "L'acte déclaratif ne se borne pas comme l'acte récognitif, à établir un droit préexistant; il peut lui apporter quelque chose de nouveau: la certitude ou une énergie accrue, ou en déterminer le contenu ou l'assiette".[146]

Não discrepa Boyer: "Il est indispensable d'admettre que l'acte déclaratif n'a pas un rôle exclusivement statique, qu'il n'est pas seulement orienté vers le passé, mais aussi vers l'avenir, c'est-à-dire qu'il modifie par lui-même, et celà à dater du jour de sa réalisation, l'ordonnancement juridique antérieur".[147]

A lição de Merle é concluente:

> C'est là une donnée incontestable qui apparaît d'une manière plus saisissante encore si l'on essaie de définir l'acte déclaratif en se référant aux deux qualités particulières de son objet: l'acte déclaratif apparaît ainsi comme celui qui permet à un droit préexistant, mais inefficace, de produire ses effets". E logo adiante acrescenta: "Tout acte déclaratif est essentiellement complexe et se caractérize abstraitement par deux aspects complémentaires: il n'a aucun effet sur la création ou sur le transfert du droit qui constitue son objet, mais il a un effet positif sur l'efficacité de ce droit. Chacun

145. Cf. Roger Merle, *Essai de Contribution à la Théorie de l'Acte Déclaratif,* Ed. Rousseau, Paris, 1949, p. 291: "tout acte déclaratif a pour object un droit préexistant, mais ce droit préexistant présente toujours la particularité d'être inefficace, entravé dans son exercice"; cf. ainda pp. 292 e segs. e, quanto ao problema da ineficácia do direito preexistente, p. 295: "En réalité, l'analyse révèle que le droit préexistant qui fait l'objet d'un acte déclaratif est toujours un droit qui, pour une raison quelconque, est entravé dans son exercice: c'est un droit inefficace". Às pp. 296 e 297, Merle passa a estudar as duas categorias, da ineficácia prática e da ineficácia jurídica. O mesmo Merle, conforme se cogite de remover a ineficácia prática ou a ineficácia jurídica, classifica os atos declaratórios em indicativos ou imperativos. Cf. respectivamente pp. 307 e 310.

146. *Apud* Merle, op. cit., p. 302.

147. *Idem.*

> de ces deux éléments principaux a une valeur propre: le premier enlève au second toute influence éventuelle sur la création ou le transfert du droit et explique comment l'acte déclaratif, tout en modifiant ou en transformant la situation juridique déclarée, n'est jamais constitutif ou translatif. Le second élément exprime le dynamisme de l'acte déclaratif et son utilité véritable laissés dans l'ombre par les classiques qui, oubliant que tout acte juridique "a pour but de produire un changement dans l'ordonnancement juridique" (transcrição de Scelle, nossa é a ressalva) déniaient à l'acte déclaratif toute action sur le fond du droit.[148]

Eis aí. É esse aspecto inovador do ato declaratório que, segundo nos parece, tem sido desconhecido ou olvidado pelos que afirmam a natureza constitutiva do lançamento.

30. O efeito resultante do lançamento tem que ver com a exigibilidade da prestação que constitui objeto da obrigação tributária – ou seja, com a exigibilidade do pagamento do tributo.

Quanto ao mais, limita-se o lançamento a reconhecer, valorar qualitativa e quantitativamente, liquidar em suma a obrigação tributária que lhe é preexistente, que nasce quando da ocorrência do fato gerador e que nesse momento mesmo de sua gênese se amolda ao regime normativo e às características fácticas que marcarão definitivamente a sua fisionomia.[149]

É a circunstância mesma de ter a obrigação tributária por energia e momento genetlíacos a ocorrência do fato gerador, que explica o fato de o lançamento, como é próprio dos atos declaratórios, ter efeito retro-operante quanto à pesquisa

148. Cf. op. cit., pp. 302 e 303.

149. Vide art. 142 do CTN:
Art. 142. Compete privativamente à autoridade administrativa constituir o crédito tributário pelo lançamento, assim entendido o procedimento administrativo tendente a verificar a ocorrência do fato gerador da obrigação correspondente, determinar a matéria tributável, calcular o montante do tributo devido, identificar o sujeito passivo e, sendo caso, propor a aplicação da penalidade cabível.
Parágrafo único. A atividade administrativa de lançamento é vinculada e obrigatória, sob pena de responsabilidade funcional. (Tatiana Falcão)

e determinação dos elementos com base nos quais será fixado o *an*, o *si* e o *quantum debeatur*.

Eis em resumo alguns índices concludentes da eficácia declaratória do lançamento:

a) as valorações qualitativas por ele realizadas têm em vista o momento do fato gerador e não o do lançamento;

b) as valorações quantitativas têm em vista igualmente aquele momento;

c) a vinculação do sujeito passivo principal (contribuinte) ao fato gerador se determina no instante do surgimento deste e, pois, as suas condições pessoais, encargos de família e demais circunstâncias relevantes para a tributação; do mesmo modo, as exonerações, isenções ou reduções vigentes naquele instante são decisivas para o lançamento;

d) como decorrência do que foi afirmado na letra *c* precedente, o falecimento do contribuinte depois de ocorrido o fato gerador e antes do lançamento não tem influência sobre este, que será dirigido aos sucessores (sujeição passiva indireta por transferência: hipótese da sucessão tributária) do mesmo contribuinte;

e) o regime normativo substantivo por que se regerá a obrigação tributária será o da época do fato gerador e não o da época do lançamento, criando-se para o contribuinte então uma situação definitivamente constituída ou, como afirma Jèze, um direito adquirido que a legislação ulterior, inclusive a da época do lançamento, não pode alterar em detrimento do contribuinte;

f) por isso mesmo a revogação da lei tributária depois da ocorrência do fato gerador e antes de ser feito o lançamento não impede que este seja expedido, a não ser que a *lex posterior*, taxativamente, tenha determinado a inexigibilidade do débito tributário ou haja suprimido, o que a tanto equivale, os poderes do fisco quanto à cobrança e arrecadação do tributo;

g) pode o legislador estatuir um prazo de prescrição ou, como acontece na nossa legislação do imposto de renda,[150] de decadência do direito ao tributo[151] e, nesse caso, o lançamento não poderá ser feito, pela extinção (se se tratar de decadência) ou pela inexigibilidade (se se tratar de prescrição) da relação obrigacional preexistente. Convém observar, a propósito, que, se o contribuinte pagar tributo que já tenha incorrido em caducidade, terá direito à repetição do indébito; mas se se tratar de prescrição, não obstante o efeito inibitório desta sobre o lançamento, o pagamento será considerado regular e não dará lugar à restituição, por isso que o direito de crédito do sujeito ativo, preexistente ao lançamento, permanece incólume, só atingindo a prescrição aos meios para a sua cobrança, à ação, e portanto ao lançamento mesmo.

---

150. Cf. art 188 do Regulamento do Imposto de Renda, aprovado pelo Decreto nº 51.900, de 10 de abril de 1963. (A disposição citada corresponde ao art. 711 do RIR aprovado pelo Decreto n. 85.450, de 04.12.1980. Vide, outrossim, o art. 173 do Código Tributário Nacional – Nota do Atualizador).

151. Vide art. 946 do Decreto 9.580/2028 (RIR), que trata acerca da decadência.
Art. 946. O direito de constituir o crédito tributário extingue-se após decorrido o prazo de cinco anos, contado (Lei 5.172, de 1966 - Código Tributário Nacional, art. 150, § 4º , e art. 173):
I - da data da ocorrência do fato gerador, quando o sujeito passivo antecipar o pagamento do imposto sobre a renda, exceto se tiver ocorrido dolo, fraude ou simulação;
II - do primeiro dia do exercício seguinte àquele em que o lançamento poderia ter sido efetuado; ou
III - da data em que se tornar definitiva a decisão que houver anulado, por vício formal, o lançamento anteriormente efetuado.
Parágrafo único. Na hipótese prevista nos incisos I e II do *caput*, o direito extingue-se definitivamente com o decurso do prazo neles previstos, contado da data em que tenha sido iniciada a constituição do crédito tributário pela notificação, ao sujeito passivo, de qualquer medida preparatória indispensável ao lançamento. (Tatiana Falcão)

Confirma-se a natureza declaratória do lançamento pela indicação de todas essas circunstâncias.

Como se viu, o ato declaratório remove um estado de incerteza – uma ineficácia prática ou jurídica – que embaraça o exercício de um direito preexistente: essa é a sua função inovadora, dinâmica, reparadora, clínica ou, como a chama Boyer, protetora.

O lançamento nada mais faz do que remover dúvidas quanto às características e dimensões da obrigação tributária preexistente, criando a propósito um estado de certeza: daí decorre a exigibilidade do débito tributário pelo fisco.

Não se cria, então, a obrigação tributária ou um direito novo. Declara-se a existência de uma relação jurídica prévia: a exigibilidade é uma consequência do estado de certeza proveniente do ato declaratório. Quando se fixa um termo ou um prazo para o implemento de uma prestação, esta só então se torna exigível e nem por isso é possível afirmar que o direito de que é ela objeto passou a existir apenas com a ocorrência do termo ou a consumação do prazo.

31. Os autores que afirmam a natureza constitutiva do lançamento argumentam em prol de tese:

a) que, antes do lançamento, direito não existe, não se compreendendo existisse um direito que não pudesse ser exigido pelo sujeito ativo e, o que é mais, que nem mesmo pudesse ser satisfeito espontaneamente pelo sujeito passivo;

b) que no lançamento se permite a prática de atos e ajuizamentos discricionários, o que demonstra a sua eficácia constitutiva, posto que não é concebível um ato declaratório cujo conteúdo, parcial ao menos, se constitua através de livre opção e disposição de seu autor.

Não se nos afiguram convincentes e mesmo corretas ambas as assertivas.

32. A inexigibilidade do débito tributário pelo sujeito ativo é uma decorrência de sua iliquidez, ou do estado de dúvida ou incerteza que envolve o *an* e o *quantum debeatur*.

Argumentam alguns autores com o art. 24 da *legge di riscossione italiana* (RD. de 17 de outubro de 1922, n. 1.401), para demonstrar a consagração de sua tese no direito positivo.

Ora, a inexigibilidade do débito tributário antes do lançamento é uma decorrência da iliquidez da dívida e não da inexistência da relação jurídica. No próprio Direito italiano não se desconhece a possibilidade de exigência de garantia do débito previamente ao lançamento, quando periclite a solvabilidade do sujeito passivo.

Essa mesma iliquidez do débito pode levar a que o sujeito ativo não aceite a sua espontânea satisfação pelo contribuinte antes do lançamento. Na Itália assim, em geral, se tem procedido quanto à pretensão de pagamento espontâneo.

Mas, dito pagamento espontâneo antes do lançamento, nem lógica nem positivamente, é impossível, desde que haja aquiescência do sujeito ativo.

Para dar um exemplo, basta mencionar a nossa legislação do imposto de renda que não só admite como estimula com uma redução o pagamento espontâneo antes do lançamento.[152-153-154]

---

152. Cf. art. 85, § 2º, do regulamento aprovado pelo Decreto n. 51.900, de 10 de abril de 1963. (Não há no RIR aprovado pelo Decreto n. 85.450, de 04.12.1980, disposição correspondente à citada em nota *supra*. A legislação do imposto de renda prevê, contudo, vários casos de antecipação do imposto – Nota do Atualizador).

153. Atual regulamento do RIR é o Decreto 9.580/2018. (Tatiana Falcão)

154. Vide art. 150, *caput*, do CTN, que trata acerca do lançamento por homologação: Art. 150. O lançamento por homologação, que ocorre quanto aos tributos cuja legislação atribua ao sujeito passivo o dever de antecipar o pagamento sem prévio

Aliás, nas obrigações civis de indenizar por ato ilícito,[155] enquanto se conservem ilíquidas, se o devedor não tiver capacidade para transigir, também não poderá fazer o pagamento espontâneo antes da liquidação do débito: nem por isso se afirmaria que antes daquela liquidação não existisse ainda a relação obrigacional.

Nem se explicaria o fenômeno da sucessão passiva tributária antes do lançamento, em face da tese que afirma só surgir a obrigação depois daquele ato: morto o sujeito passivo principal ou direto antes do lançamento, como admitir-se que pelo débito responda o seu sucessor, se esse débito não existir no momento da morte e só mais tarde vier a instaurar-se com um lançamento ulterior?

Também não vale o argumento consistente em que, se o contribuinte pagar o débito com fundamento em lançamento ilegal e não correspondente a um anterior fato gerador, a prescrição do direito de pleitear a anulação do lançamento daria como resultado constituir-se este em pressuposto da obrigação tributária.

É equivocado o fundamento. O que aí ocorre é a prescrição da ação de repetição do indébito tributário[156] ou da ação

---

exame da autoridade administrativa, opera-se pelo ato em que a referida autoridade, tomando conhecimento da atividade assim exercida pelo obrigado, expressamente a homologa. (Tatiana Falcão)

155. Quanto às obrigações de indenizar por ato ilícito, é conveniente ressaltar a Súmula 498 do STJ, cujos termos seguem: "Não incide imposto de renda sobre a indenização por danos morais." (Tatiana Falcão)

156. A figura da repetição de indébito ou indébito tributário encontra fundamento no art. 5º, XXII, da CF/88 (propriedade) e art. 170, II (propriedade privada) e a vedação ao enriquecimento ilícito, que também vale em face do Fisco (art. 884 do CC/2002).
Na mesma temática, ainda, o STJ editou as Súmulas 394, 614 e 625, nos seguintes termos:
Súmula 394: "É admissível, em embargos à execução, compensar os valores de imposto de renda retidos indevidamente na fonte com os valores restituídos apurados na declaração anual".
Súmula 614: "O locatário não possui legitimidade ativa para discutir a relação jurídico-tributária de IPTU e de taxas referentes ao imóvel alugado nem para repetir indébito desses tributos".

anulatória de lançamento; a ilegalidade do lançamento, porém, é irrecusável e não pode ser demandada pelo efeito inibitório do tempo.

33. Também não é convincente o argumento que se funda na suposta existência de poder discricionário em matéria de lançamento. A atividade administrativa de lançamento (ato simples ou procedimento) é, no nosso entender, vinculada ou regrada: não comporta a formulação de juízos discricionários.[157]

Bem é que se recorde que, mesmo havendo margem de discrição técnica, o ato nem por isso necessariamente deixaria de ser declaratório. Eis a propósito os termos da resposta que Gargiulo oferece a D'Alessio: "É da obiettare però che se si seguisse tale principio e cioè che, nel valutare gli elementi di fatto al fine di applicarvi l'astratta norma legislativa, l'atto emanato ha natura costitutiva non vi sarebbero più atti con natura dichiarativa".[158]

Mas vejamos. A discrição apontada no ato de lançamento refere-se a certos conceitos de determinação difícil, usados pelo legislador tributário em geral para caracterizar a base de cálculo do tributo: valor venal, valor externo ou interno, valor locativo etc. A lei fiscal, algumas vezes, determina que o fisco

---

Súmula 625: "O pedido administrativo de compensação ou de restituição não interrompe o prazo prescricional para a ação de repetição de indébito tributário de que trata o art. 168 do CTN nem o da execução de título judicial contra a Fazenda Pública". (Tatiana Falcão)

157. Neste sentido, o CTN encarregou-se de frisar o caráter vinculante do lançamento, ao dispor no parágrafo único do art. 142: "A atividade administrativa do lançamento é vinculada e obrigatória, sob pena de responsabilidade funcional." (XXX) No que se refere à responsabilidade administrativa, vide art. 37, *caput*, e § 4º da CF/88 e Lei de Improbidade Administrativa – Lei 8.429/92. (Tatiana Falcão)

158. Cf. Ugo Gargiulo, *op. cit.*, p. 19 e nota 22, sobre o problema da discrição em matéria tributária, cf. ainda Jürgen Salzwedel. "Rechtsstaat im Steuerrecht", no volume *Vom Rechtsschulz im Steuerrechut,* publicado sob a direção de Günther Felix, Verlagsbuchhandlung des Instituts der Wirtschaftsprüfer CmbH, Düsseldorf, 1960, pp. 24 e segs.

estime ou avalie esses valores ou grandezas. Diz-se que para tanto dispõe o fisco de uma discrição que, ao menos, se definirá como discrição técnica (*discrezionalit tecnica*).

Há, no caso, uma confusão de duas noções diferentes – a de conceito indeterminado e a de poder discricionário.

O que caracteriza o poder discricionário é uma certa margem de ajuizamento, de opção ou de livre escolha entre várias condutas ou soluções, qualquer das quais será válida desde que não se atinja o limite extremo do desvio de poder.

Eis o conceito de discrição (*Ermessen*) dado por Forsthoff: "Beginnen wir mit dem Begriff des *Ermessens*. Man versteht darunter einen Spilraum des Handelns und Entschlusses, die Wahl zwischen mehreren in gleicher Weise möglichen Arten des Sichverhaltens: A zu tun, B zu tun oder auch nichts zu tun. Möglich bedeutet in diesem Falle rechtlich möglich". Ou, traduzindo: "Comecemos pelo conceito de discrição. Como tal se entende um campo de ação aberto ao modo de conduzir-se e de decidir, isto é, a faculdade de opção entre diversas espécies de condutas igualmente possíveis: fazer A, ou fazer B, ou nada fazer. O que é materialmente possível em tal caso é também juridicamente possível".[159]

Também Landmann-Giers-Proksch insistem no aspecto da liberdade de escolha e de ajuizamento do destinatário do poder discricionário. Começam transcrevendo Bachof: "Freies Ermessen liegt vor, wenn und soweit das objektive Recht das Handeln einer Behörde ihrer eigenen Bestimmung überlassen hat mit der Massgabe, dass die Behörde den Masstab für ihre Entscheidung aus ihrer eigenen subjektiven Vorstellung von der Notwendigkeit und Zweckmässigkeit ihres Handelns gewinnen soll". E adiante: "Auch das freie Ermessen setzt das Vorhandensein normativer Begriffe voraus, doch handelt es sich dabei um solche, bezüglich deren sich der Gesetzgeber

159. Cf. Ernst Forsthoff, *Lehrbuch des Verwaltungsrechts*, 3ª ed., C. H. Beck'sche Verlagsbuchhandlung, Munique e Berlim, 1953, 1º vol., p. 68.

der Entscheidung enthalten hat und die der Behörde die Bewertung und damit die Wahl zwischen mehreren Möglichkeiten lassen".[160] Na página seguinte, a ideia é retomada: "Nur insoweit die Norm alsdann noch eine Wahlmöglichkeit lassen sollte, wäre Raum für eine. Ermessenstätigkeit", ou traduzindo: "Existe discrição quando e desde que o direito objetivo deixe à autoridade pública a determinação de sua atividade, de modo que a autoridade tome por padrão de suas decisões considerações subjetivas quanto à necessidade e utilidade da conduta que adotar". "Também o poder discricionário pressupõe a existência de conceitos normativos, mas se trata de conceitos a respeito dos quais o legislador se absteve de adotar soluções ou decisões concludentes, deixando à autoridade aplicadora a valoração e, portanto, a escolha entre multíplices possibilidades". "Somente quando a norma tenha criado uma possibilidade de opção ou escolha haverá oportunidade para uma atividade discricionária".[161]

Idênticos são os ensinamentos de Hans J. Wolff[162] e de Otto Koellreuter.[163]

Horst Ehmke, na sua excelente monografia dedicada ao tema, assim registra a concepção da doutrina dominante: "Ermessen soll eine ,'Wahlfreiheit'der Verwaltung im Rahmen des Gesetzes bezeichnen. Soweit das Ermessen reicht, soll jede Lösung der Verwaltung *ex definitione* juristisch richtig, soll insoweit nach dem Willen des Gesetzes der Wille der Verwaltung massgebend sei". Ou, em vernáculo: "Por discrição deve designar-se uma liberdade de escolha da administração dentro do quadro geral da lei. No que tange à discrição, deve considerar-se juridicamente legítima *ex definitione* qualquer

---

160. Cf. *Allgemeines Verwaltungsrecht*, Müller-Albrechts-Verlag, Düsseldorf, 1957, p. 41.

161. Op. cit., p. 42.

162. Cf. *Verwaltungsrecht*, vol. 1, 2ªed., C. H. Beck'sche Verlagsbuchhandlung, Munique e Berlim, 1958, p. 128.

163. Cf. *Grundfragen des Verwaltungsrechts*, 1955, Carl Heymanns Verlag KG, Colônia-Berlim, pp. 21 e 22.

solução dada pela administração, por isso que na intenção da lei decisiva é a vontade da administração".[164]

Aí está o conceito de atividade discricionária.

Deixa claro a doutrina ser ínsita e conatural à discrição uma liberdade de escolha ou de opção entre vários atos, soluções ou decisões possíveis, todos os quais são juridicamente legítimos.[165-166]

34. Não é isso o que ocorre com o lançamento.

No que a ele se refere encontram-se, isto sim, conceitos indeterminados (*unbestimmte Begriffe*), ou seja, conceitos cuja determinação em termos unívocos, em cada caso concreto, é incumbência do intérprete e do aplicador.

O conceito indeterminado não enseja uma opção ou liberdade de escolha entre várias soluções ou atividades possíveis. Pelo contrário, ao estabelecê-lo, quer o legislador que uma única solução seja adotada, a que resulta do comando legal traduzido pelo conceito indeterminado: o problema no caso, para concreta determinação do conceito, é apenas, como acentuam os autores, de interpretação.

Chama-se de indeterminado o conceito, não porque ele seja indeterminável, mas porque, na norma em que está

---

164. Cf. *Ermessen und unbestimmter Rechtsbegriff im Verwaltungsrecht*, 1960, J. C. B. Mohr (Paul Siebeck), Tübingen, pp. 23 e 24.

165. Claro está que o poder discricionário não se exerce sem limites. Duas reservas ele encontra, que o repõem em face do problema da legalidade: *a)* um limite externo, constituído pela competência da autoridade; b) um limite interno ou intrínseco, que se consubstancia na proibição do desvio de poder. Sobre o problema em geral e, especialmente, sobre o aspecto do desvio de poder, cf. Caio Tácito, *O Abuso de Poder Administrativo no Brasil (Conceito e Remédios)*, DASP e Instituto Brasileiro de Ciência da Administração, Rio, 1959, pp. 27 e segs.; *idem, Desvio de Poder em Matéria Administrativa*, Rio de Janeiro, 1951, *passim; idem*, verbete "Desvio de Poder", *in Repertório Enciclopédico do Direito Brasileiro*, cit., vol. 16, p. 93.

166. Nessa temática, vale conferir a lição da Professora Irene Patrícia Nohara: Pode o Poder Judiciário controlar um ato discricionário? Disponível em: https://encurtador.com.br/fkwUV Acesso em: 31 ago. 2023. (Tatiana Falcão)

indicado, a determinação integral do seu conteúdo não foi possível, por isso que para tanto é necessário considerar dados empíricos, fácticos, técnicos ou científicos de que somente o intérprete e o aplicador, em cada hipótese concreta, disporão.

Um dos maiores interesses da distinção de que ora se trata está no problema do controle jurisdicional, que não é possível, com as ressalvas já feitas (ver abaixo nota 20),[167] em tema de atividade discricionária e que se exercita plenamente em matéria de conceito indeterminado.[168]

Eis como, registrando a concepção dominante, Ehmke alude ao conceito indeterminado:

> Beim unbestimmten Rechtsbegriff soll es sich dagegen um eine Auslegungsfrage in dem Sinne handeln, dass trotz aller Auslegungsschwierigkeiten vom Gesetz nur eine Lösung als – im Sinne logischer Subsumtion – richtige 'gewollt' sei, ou, traduzindo: em matéria de conceitos jurídicos indeterminados, há que cogitar de uma questão de interpretação, no sentido de que, apesar de todas as dificuldades hermenêuticas da lei, somente uma solução é 'querida' como logicamente correta.[169]

---

167. A nota referida pertencia à primeira edição. (Tatiana Falcão)

168. Cf. Ehmke, op. cit., p. 23: "A doutrina hoje dominante sustenta existir um *dualismo: "juízo discricionário, insuscetível de controle (nichtnachprüfbarem)", e "conceito jurídico indeterminado, sujeito a controle (nachprüfbarem)"* (nossos são os destaques). Forsthoff, op. e loc., cits., pp. 69 e 70, referindo-se a conceitos relacionados com circunstâncias, relações ou fatos empíricos ("Begriffe, welche sich auf empirische Tatsachen, Verhältnisse und Umstände beziehen"), ou seja, a conceitos indeterminados, insiste em que no particular se quer excluir a discrição e que o problema é de interpretação apenas: "As operações lógicas necessárias à fixação do conteúdo concreto de tais *conceitos indeterminados,* não envolvem o emprego de juízos discricionários"... "Nisto também se verifica um evidente afastamento da discricionariedade"... "Pode-se com isto deixar estabelecido como primeiro resultado: o emprego de conceitos puramente empíricos não importa atividade discricionária, mas sim interpretação".

169. Op. e loc. cits., p. 24. Daf Wolff (op. e loc. cits., p. 127) inclui o conceito indeterminado como uma subspécie da vinculação administrativa (*Gebundenheit der Verwaltung*): "A Administração está igualmente vinculada por normas jurídicas quando, ao estabelecer-se a necessária conexão entre a hipótese de fato (*Tatbestand*) e o efeito jurídico (*Rechtsfolge*), este, ou (mais frequentemente) aquela, inclui "conceitos indeterminados". Quanto a Forsthoff, cf. nota anterior *supra.* Não destoam desse diapasão Landmann-Giers-Proksch, op. cit., 42: "Aqui a autoridade a quem cumpre determinar o objeto da norma jurídica, não tem como eleger entre várias

35. A prova de que, nessa matéria, como no mais, o lançamento não comporta atividade ou ajuizamento discricionário é que tranquilamente se admite o seu controle jurisdicional, inclusive quanto a aspectos relacionados com conceitos indeterminados, como é o caso de valorações técnicas qualitativas e quantitativas, avaliações etc. E, o que é mais, preveem mesmo algumas leis, como é o caso da nossa legislação do imposto de renda, que o contribuinte inconformado com a avaliação feita pela administração, possa pleitear que a avaliação se faça judicial.[170-171-172]

---

possibilidades, mas deve considerá-la no âmbito da sua lógica imanente, até alcançar-lhe, sem mais, a concreta significação. Não emprega, por conseguinte, nenhum juízo discricionário, por isso que interpreta a norma jurídica". A propósito cf. ainda Koellreuter, op. cit., p. 22, fazendo o registro da opinião predominante: "A opinião predominante entende que a essência do conceito jurídico indeterminado consiste em que um conceito que antes se apresenta indeterminado, deve ser preenchido, segundo a presumível vontade do legislador, com um conteúdo concreto, de modo que à autoridade não é dado eleger entre várias decisões, ao seu juízo discricionário, porquanto uma única decisão é a correta".

170. Assim, em matéria de imposto sobre o lucro havido por pessoas físicas na venda de propriedades imobiliárias ou operações equiparadas, cf. art. 93, §§ 7º, 8º e 9º, do regulamento aprovado pelo Decreto n. 51.900, de 10 de abril de 1963. (Não há no RIR aprovado pelo Decreto n. 85.450, de 04.12.1980, disposições que correspondam às citadas em nota acima. Vide, no entanto, a respeito, o art. 148 do Código Tributário Nacional – Nota do Atualizador).

171. No mesmo sentido da viabilidade de controle judicial; fundamento legal: art. 5º. XXXV, da CF/88.
Em termos de desjudicialização, pode-se citar a possibilidade de solicitação de Revisão de Débito – por meio de Requerimento Fiscal Administrativo.
"Requerimento fiscal administrativo é um pedido de revisão de débito, de natureza tributária ou não tributária, inscrito em Dívida Ativa, apresentado à Procuradora Geral do Estado, que tem por objeto verificar os requisitos de liquidez, certeza e exigibilidade de tais débitos". Disponível em: https://encurtador.com.br/jpsDV Acesso em: 31 ago. 2023. (Tatiana Falcão)

172. Ainda sobre a desjudicialização, especificamente na seara tributária, vale mencionar a Lei 13.988/2020, que estabelece "os requisitos e condições para que a União, as suas autarquias e fundações, e os devedores ou as partes adversas realizem transação resolutivas de litígio relativo à cobrança de créditos da Fazenda Pública, de natureza tributária ou não tributária."
Leitura sugerida: CONRADO, Paulo Cesar; CAMANO, Fernanda Donnabella. *O (des)contencioso tributário*: da litigiosidade escalar à transação de tese. São Paulo: Noeses, 2023. (Tatiana Falcão)

Desacredita-se desse modo o último dos argumentos (aliás por nós não considerado decisivo) apresentados em prol da tese que afirma a eficácia constitutiva do lançamento.

Ato declaratório, o lançamento não cria a obrigação tributária.

Com isso se confirma a nossa proposição de que a obrigação tributária surge quando da ocorrência do respectivo fato gerador, não quando ou em consequência do lançamento.

36. Incidência, não incidência, imunidade e isenção

É chegado o momento de estabelecerem-se os conceitos jurídicos de incidência, não incidência e, em um segundo plano, de imunidade e isenção.

É o que fazemos, reproduzindo ideias e considerações que em outro estudo anterior desenvolvemos.[173]

O fato gerador indica, consoante dissemos, o *an, si* e *quando* da relação tributária ou, como se expressa A. Berliri, define a obrigação tributária sob os pontos de vista temporal, espacial e quantitativo.[174]

Para configurar-se concretamente a obrigação tributária, é necessário que ocorra o fato gerador. Quando se verifica a ocorrência do fato gerador, diz-se que, juridicamente, houve a *incidência* do tributo.[175]

Se não ocorrer o fato gerador, obviamente, não se instaura a relação tributária, portanto, não há incidência. Juridicamente, dá-se a essa situação o nome de *não incidência.*

A não incidência compreende duas modalidades: a da não incidência pura e simples e a da não incidência juridicamente

---

173. Cf. nosso parecer, *in RDA*, vols. 66/367 e segs.

174. Cf. A. Berliri, *Principi di Diritto Tributario,* 1957, vol. II, tomo I, p. 235.

175. Não confundir a incidência jurídica com a noção de incidência econômica: sobre essa, cf. Aliomar Baleeiro. *Uma Introdução à Ciência das Finanças,* 1958, vol. I, p. 218.

qualificada, não incidência por disposição constitucional ou *imunidade tributária.*[176]

No primeiro caso, a não incidência decorre da circunstância de não se verificarem os pressupostos materiais indispensáveis para a constituição ou integração do fato gerador: o fato gerador não existe, não ocorre ou não chega a integrar-se.[177]

A imunidade, como se está a ver, é uma forma qualificada ou especial de não incidência, por supressão, na Constituição, da competência impositiva ou do poder de tributar, quando se configuram certos pressupostos, situações ou circunstâncias previstos pelo estatuto supremo.[178] Esquematicamente, poder-se-ia exprimir a mesma ideia do modo seguinte: a Constituição faz, originariamente, a distribuição da competência impositiva ou do poder de tributar; ao fazer a outorga dessa competência, condiciona-a, ou melhor, clausula-a, declarando os casos em que ela não poderá ser exercida. A imunidade é,

---

176. Cf. Amilcar de Araújo Falcão, *Direito Tributário Brasileiro,* 1950, pp. 69 e 257.

177. Para os autores, como A. Berliri, *Principi,* cit., loc. cit., pp. 90 a 92 e Euclide Antonini, *La Formulazione della Legge e le Categorie Giuridiche,* Giuffrè, 1958, pp. 58 e segs., que negam a possibilidade de existir obrigação tributária condicional, por isso que contestam essencialmente que as obrigações *ex lege* possam ser submetidas a condição, ter-se-á não incidência igualmente quando o legislador estabelecer que a relação tributária fica na dependência das chamadas *condiciones juris.* Esta é a nossa posição. Antonini, procurando identificar o motivo da confusão feita por alguns autores, como A. D. Giannini, Tesoro e outros, entre a condição propriamente dita (*condicio facti*) e a chamada *condicio juris,* assevera, op. cit., p. 59: "Una delle cause da cui probabilmente trae origine l'equivoco per cui determinate situazioni (e quindi anche quelle tributarie delle quali in particolari dovremo occuparci) si considerano come *sospensivamente o risolutivamente condizionate deve essere individuata come pure vedremo nel modo di formarsi della fattispecie, da cui discendono le obbligazioni. Invero il più delle volte la fattispecie viene ad attuarsi, progressivamente, onde la sospensione degli effetti è dovuta, non già alla* non ancora sopravvenuta condizione sospensiva, *sebbene al non ancora esauritosi ciclo formativo della fattispecie stessa. In tale ipotesi si confondono, evidentemente, gli effetti preliminari prodotti da alcuni degli elementi della fattispecie già venuti in essere,* con l'effetto definitivo, in tale equivoco indotti soprattuto dalla tutela che nel frattempo, l'ordinamento appresta a taluni degli effetti stessi".

178. O professor Roque Antonio Carrazza, quanto às imunidades, ensina: "As imunidades tributárias encerram limitações, postas na própria Constituição Federal, à ação estatal de criar tributos, justamente porque atendem a interesses maiores da sociedade". (*Imunidades tributárias dos templos e instituições religiosas.* 2ª ed. revista, atualizada e ampliada. São Paulo: Noeses, 2023, p. 5). (Tatiana Falcão)

assim, uma forma de não incidência pela supressão da competência impositiva para tributar certos fatos, situações ou pessoas, por disposição constitucional.[179-180-181]

---

179. O problema é magistralmente equacionado em Rubens Gomes de Sousa, *Compêndio de Legislação Tributária,* 3ª ed., 1960, Parte Geral, pp. 75 e 76, onde figura a afirmação de que "uma hipótese especial de não incidência é a *imunidade*", cf. do mesmo autor, *Preleções de Direito Tributário,* 1957, pp. 72 e 122. Convém observar que a expressão imunidade é também usada em Direito Internacional Público, quando se cogita das chamadas prerrogativas e imunidades diplomáticas, abrangendo inclusive o aspecto tributário. Todavia, aí, a palavra imunidade é empregada em sentido diverso, significando mera isenção. A esse propósito, cf. Leopoldo Braga, *Estudo sobre o Problema das Imunidades Diplomáticas em Matéria Tributária,* 1960, p. 14: "No Direito brasileiro, em rigor de expressão, não há *imunidade* tributária propriamente dita (no sentido constitucional de *inimponibilidade* total e absoluta) em favor de missões ou de agentes diplomáticos estrangeiros. Há simples *isenções* de certos impostos, em virtude de convenções internacionais a que se tenha vinculado a nação, ou de espontâneas concessões por via de lei ordinária interna, condicionadas, ou não, ao princípio de reciprocidade". Por isso, o magnífico Hildebrando Accioly, no seu *Tratado de Direito Internacional Público,* 1956, vol. I, pp. 465 e 500, ao tratar do assunto, fala diretamente em "isenção de impostos". Sobre o tema, ver ainda Sompong Sucharitkul, "State Immunities and Trade Activities", *in International Law, passim,* e Vernon G. Setser, "The Immunities of the State and Government Economic Activities", *in Law and Contemporany Problems,* 1959, vol. XXIV, n. 2, parte I (*State trading*), pp. 290 e segs. e, especialmente, pp. 296 e 298.

180. Os casos de imunidade estão dispostos no art. 150, IV, "a" a "e", da CF/88, que, em resumo, veda a criação de impostos sobre: patrimônio, renda ou serviços uns dos outros; templos de qualquer culto; patrimônio renda ou serviços de partidos políticos; livros, jornais, periódicos e o papel destinado à sua impressão; fonogramas e videofonogramas produzidos no Brasil.
Aqui, faremos um aparte a duas situações em específico: i) imunidade dos templos de qualquer culto e ii) imunidade de livros, jornais, periódicos.
i) No que se refere à imunidade dos templos de qualquer culto, deve-se acrescentar que a EC 116/2022 estabeleceu que os imóveis locados pelos templos de qualquer culto também são considerados imunes com relação ao IPTU. Vide também Súmula 724 do STF: "Ainda quando alugado a terceiros, permanece imune ao IPTU o imóvel pertencente a qualquer das entidades referidas pelo art. 150, VI, "c", da Constituição, desde que o valor dos aluguéis seja aplicado nas atividades essenciais de tais entidades".
ii) Quanto à imunidade de impostos sobre livros, jornais, periódicos e o papel destinado à sua impressão. A *mens legis* era viabilizar o acesso à informação nas suas diversas formas. O avanço tecnológico, contudo, fez surgir o aparecimento dos *e-books* e seus respectivos aparelhos de leitura, restando ao STF, por meio da Súmula Vinculante 57 dispor a extensão da imunidade nos seguintes termos: "A imunidade tributária constante do art. 150, VI, *d*, da CF/88 aplica-se à importação e comercialização, no mercado interno, do livro eletrônico (*e-book*) e dos suportes exclusivamente utilizados para fixá-los, como leitores de livros eletrônicos (*e-readers*), ainda que possuam funcionalidades acessórias." Precedente representativo: RE 330.817 Disponível em: https://encurtador.com.br/qzLV7 Acesso em: 31 ago. 2023. (Tatiana Falcão)

181. Ainda na temática "on-line", vale lembrar os termos da Súmula 334 do STJ: "O ICMS não incide no serviço dos provedores de acesso à Internet". (Tatiana Falcão)

Na isenção, diversa é a hipótese. Nela, há incidência, ocorre o fato gerador. O legislador, todavia, seja por motivos relacionados com a apreciação da capacidade econômica do contribuinte, seja por considerações extrafiscais, determina a inexigibilidade do débito tributário ou, como diz Rubens Gomes de Sousa, delibera "dispensar o pagamento de um tributo devido".[182]

O Projeto do Código Tributário Nacional colocava muito bem a questão, quando tratava da imunidade no Livro I, sob a epígrafe "Da Competência Tributária", dispondo, com perfeita correção técnica: "Art. 5º- A imunidade tributária exclui o nascimento da obrigação tributária principal relativa aos tributos nela compreendidos".[183]

Convém recordar que o mesmo Projeto aderia à orientação doutrinária daqueles que distinguem entre a obrigação tributária (Livro IV, "Da Obrigação Tributária", arts. 79 e segs.) e o crédito tributário (Livro V, "Do Crédito Tributário", arts. 102 e segs.), declarando que este último "decorre da obrigação tributária principal"[184] e se refere, pois, à prestação do tributo ou ao seu pagamento. Pois bem, nesse Projeto de Código somente se fazia alusão à isenção no mesmo Livro V, relativo, como se viu, ao crédito tributário. Aí, é a isenção, ao lado da anistia, apontada como forma de exclusão da exigibilidade do crédito tributário (cf. art. 175 do Código Tributário Nacional).

Assim, no Título V ("Da Exclusão do Crédito Tributário") do Livro V, Capítulos I e II, diz -se, respectivamente, o seguinte:

---

182. Cf. *Compêndio,* cit. *ibidem,* p. 75. (Para uma crítica, a esta concepção, *vide,* recentemente, Flávio Bauer Novelli, "Anualidade e Anterioridade na Constituição de 1988", cit., *in RDT,* 51 (1990), espec. pp. 70 e segs. e *in RDA,* 179-180 (1990), espec. pp. 32 e segs. – Nota do Atualizador).

183. Não há, no Código Tributário Nacional, disposição com um conteúdo correspondente ao deste art. 5ª do Projeto (Nota do Atualizador).

184. Cf., respectivamente, arts. 113 e 139 e segs. do Código Tributário Nacional (Nota do Atualizador).

Art. 140. Excluem a exigibilidade do crédito tributário:[185-186-187-188]

– A isenção;

– A anistia.

Art. 141. Isenção é a dispensa legal do pagamento de tributo devido.[189]

---

185. O mencionado dispositivo encontra correspondência no art. 175 do CTN:
Art. 175. Excluem o crédito tributário:
I - a isenção;
II - a anistia.
Parágrafo único. A exclusão do crédito tributário não dispensa o cumprimento das obrigações acessórias dependentes da obrigação principal cujo crédito seja excluído, ou dela consequente. (Tatiana Falcão)

186. Ainda na temática de crédito tributário, importante salientar os termos atuais dos arts. 186 e 187 do CTN. O primeiro prevê a preferência do crédito tributário, apenas perdendo para os de natureza trabalhista. O segundo exige leitura integral.
Art. 186. O crédito tributário prefere a qualquer outro, seja qual for sua natureza ou o tempo de sua constituição, ressalvados os créditos decorrentes da legislação do trabalho ou do acidente de trabalho. (Redação dada pela LC 118/2005)
Parágrafo único. Na falência: (Incluído pela LC 118/2005)
I – o crédito tributário não prefere aos créditos extraconcursais ou às importâncias passíveis de restituição, nos termos da lei falimentar, nem aos créditos com garantia real, no limite do valor do bem gravado; (Incluído pela LC 118/2005)
II – a lei poderá estabelecer limites e condições para a preferência dos créditos decorrentes da legislação do trabalho; e (Incluído pela LC 118/2005)
III – a multa tributária prefere apenas aos créditos subordinados. (Incluído pela LC 118/2005)
Art. 187. A cobrança judicial do crédito tributário não é sujeita a concurso de credores ou habilitação em falência, recuperação judicial, concordata, inventário ou arrolamento. (Redação dada pela LC 118/2005)
Parágrafo único. O concurso de preferência somente se verifica entre pessoas jurídicas de direito público, na seguinte ordem:
I - União;
II - Estados, Distrito Federal e Territórios, conjuntamente e pró rata;
III - Municípios, conjuntamente e *pró rata*. (Tatiana Falcão)

187. Quanto à insolvência, é forçoso fazer menção à Lei 8.397/92, que institui a medida cautelar fiscal. Se por um lado, o legislador se preocupou em manter a integridade da empresa em prol da manutenção dos empregos, por outro, quando a situação de quebra é inevitável, o mesmo tratou de resguardar o crédito tributário. Assim, por meio da lei mencionada, dispôs a possibilidade da Fazenda Pública ingressar com medida cautelar fiscal, a fim de garantir bens suficientes do sujeito passivo insolvente para futuro leilão – art. 2º, III. Disponível em: https://encurtador.com.br/xIS59 Acesso em: 10 set. 2023. (Tatiana Falcão)

188. Quanto ao leilão, vale conferir a literalidade das Súmulas 121 e 128 do STJ:
Súmula 121: "Na execução fiscal o devedor deverá ser intimado, pessoalmente, do dia e hora da realização do leilão".
Súmula 128: "Na execução fiscal haverá segundo leilão, se no primeiro não houver lanço superior à avaliação". (Tatiana Falcão)

189. Não há, no Código Tributário Nacional, disposição com um conteúdo correspondente ao deste art. 141 do Projeto (Nota do Atualizador).

Essa maneira de tratar o problema da imunidade e distingui-la fundamentalmente da isenção foi intencional e consciente, consoante revela Rubens Gomes de Sousa, na exposição que faz, como relator-geral da Comissão Especial nomeada pelo Ministro da Fazenda para elaborar o Projeto de Código Tributário Nacional: "O art. 5º, correspondente ao art. 10 do Anteprojeto, regula o alcance da imunidade tributária, conceituada como hipótese de não incidência por contraste com a isenção, que o art. 141 define como causa excludente do crédito mas não da própria obrigação tributária".[190]

É nítida, pois a diferença conceptual e doutrinária entre não incidência em geral, ou imunidade em particular e isenção:

> É importante fixar bem as diferenças entre não incidência e isenção: tratando-se de não incidência, não é devido o tributo porque não chega a surgir a própria obrigação tributária; ao contrário, na isenção, o tributo é devido, porque existe a obrigação, mas a lei dispensa o seu pagamento; por conseguinte, a isenção pressupõe a incidência, porque é claro que só se pode dispensar o pagamento de um tributo que seja efetivamente devido.[191-192-193]

---

190. Cf. item 22 do Relatório, *in Trabalhos da Comissão Especial do Código Tributário Nacional*, 1954, publicação feita pelo Ministério da Fazenda, p. 107.

191. Cf. Rubens Gomes de Sousa, *Compêndio*, cit., *ibidem*, p. 76; em sentido idêntico, cf. Gilberto de Ulhoa Canto, *Temas de Direito Tributário*, Ed. Financeiras, pp. 310 e 311; *idem*, "Algumas Considerações sobre a Imunidade Tributária dos Entes Públicos", *in RDA*, vol. 52/35 e 36. O CTN não define isenção nem imunidade, o que não prejudica a validade destes argumentos.

192. A Lei 7.713/88 isentou do pagamento do IR as pessoas acometidas por doenças graves, cujo rol taxativo encontra-se disposto no inciso XIV do art. 6º.
A finalidade do legislador foi garantir um mínimo existencial às pessoas acometidas de moléstias, cuja subsistência sofre abalos significativos em face dos altos custos resultantes dos tratamentos terapêuticos.
Algumas destas moléstias são: tuberculose ativa, alienação mental, esclerose múltipla, neoplasia maligna, cegueira, hanseníase, contaminação por radiação, síndrome da imunodeficiência adquirida (AIDS)...
Contudo, referida lei limitou a isenção aos inativos, restando, assim, excluídos de tal benefício os trabalhadores "da ativa".
O termo inicial da isenção ou da restituição dos valores recolhidos a título de IR devem ser o da data do diagnóstico médico, sem a obrigatoriedade que tal esteja materializado por emissão de laudo oficial.
Súmulas do STJ referentes à temática: 598 e 627.
Leitura sugerida: STJ define alcance da isenção tributária para portadores de

Por isso mesmo, A. Berliri designa como falta de legitimação à tributação "difetto di legitimazione" a não incidência e, portanto, também a imunidade, e acrescenta que entre ela e a isenção existe uma espécie de antítese ou antinomia – "tra le due situazioni vi è quindi, sotto un'apparente analogia, una specie di antitesi". Sim porque na imunidade, e, portanto, na não incidência ("nel difetto di legittimazione si è in presenza di una situazione che presenta qualcosa di meno della fattispecie prevista dal legislatore come idonea a generare l'obbligazione tributaria"), alguma coisa falta para que se instaure a obrigação tributária, isto é, a competência impositiva para tributar determinada situação ou fato; enquanto na isenção ("nell'esenzione tributaria, al contrario, si è in presenza di una situazione che presenta qualcosa di più rispetto a quella fattispecie") há qualquer coisa a mais, além do fato gerador, pois este último ocorre, mas uma outra circunstância neutraliza a sua eficácia, por isso que torna inexigível o débito ("oltre a verificarsi la fattispecie, si è verificata anche un'altra circostanza che neutralizza l'efficacia del fatto generatore").[194]

A distinção, além da importância que possui sob o ponto de vista doutrinário ou teórico, tem consequências práticas importantes, no que se refere à interpretação. É que, sendo a isenção uma exceção à regra de que, havendo incidência, deve ser exigido o pagamento do tributo, a interpretação dos preceitos que estabeleçam isenção deve ser estrita, restritiva. Inversamente, a interpretação, quer nos casos de incidência, quer nos de não incidência, quer, portanto, nos de imunidade,

---

doenças graves. Disponível em: https://encurtador.com.br/vwMQ9 Acesso em: 31 ago. 2023. (Tatiana Falcão)

193. Outro exemplo de isenção tributária é a isenção do IPVA para pessoas com deficiência, cuja normatização é de competência constitucional dos Estados.
A Reforma Tributária (EC 132/2023) também inovou no que se refere à espécie tributária IPVA; as alíquotas variarão em função do valor e do impacto ambiental do veículo, sendo que haverá cobrança do referido tributo para iates, barcos e aviões de uso particular. (Tatiana Falcão)

194. Cf. A. Berliri, *Principi*, cit., *ibidem*, p. 220.

é ampla, no sentido de que todos os métodos, inclusive o sistemático, o teleológico etc., são admitidos.[195]

37. Fatos geradores, simples e complexos

É decisivo para a obrigação tributária o momento da incidência, ou seja, o da ocorrência do respectivo fato gerador, tanto mais porque a legislação então vigente é que vai reger a relação jurídica.

Por isso mesmo importa determinar o fato gerador, quer do ponto de vista estrutural, quer sob o aspecto de sua formação, integração ou constituição no tempo.

Estruturalmente, o fato gerador pode ser um fato simples ou um fato complexo.

No primeiro caso, teremos um fato isolado, único ou singelo.

Já se vê que como tal se considerará quer um fato, quer, consoante destacamos na definição dada no Capítulo I, um estado de fato.[196]

---

195. Sobre a interpretação da lei tributária, cf. Amilcar de Araújo Falcão, *Introdução ao Direito Tributário*, cit., p. 81. Vide, a respeito, o art 111, n. I e II, do Código Tributário Nacional.

196. Sobre a noção de estado de fato, cf. M. S. Giannini, *Lezioni di Diritto Amministrativo*, Milão, Giuffrè, 1950, vol. 1º, pp. 364 e 365: "lu applicazione del principio della libertà delle qualificazioni giuridiche, un dato accadimento può essere assunto come giuridicamente rilevante o in quanto sta accadendo, o in quanto accade, o in quanto è accaduto... Tuttavia essa (la classificazione, nossa é a ressalva) ha notevole importanza, perchè talora un medesimo accadimento può esser pluriqualificato in ordine a gruppi diversi di norme giuridiche. Poniano così un autista dipendente da un'azienda privata che guidando un automezzo in seguito a scontro con altro automezzo rimanga infortunato: ai fini della norma sulla responsabilità civile ciò che interessa stabilire èsu quale dei guidatori ricada la colpa, onde il fatto ha rilievo nel suo primo aspetto, come *azione,* ai fini delle norme sull'assicurazione dell'automezzo il fatto ha rilievo nel secondo aspetto, come *evento*; ai fini dell'assicurazione contro gli infortuni sul lavoro, ha rilievo il terzo aspetto, in quanto esso é accaduto ed ha prodotto uno *stato di fatto*". Mais adiante, à p. 366, distinguindo os estados de fato das qualidades, observa M. S. Giannini: "Le qualità sono dunque degli attributi della cosa presa come tale; gli stati di fatto modi di essere della cosa in quanto risultato di un accadimento, quindi del suo esser divenuta."

No caso do fato complexo, ter-se-á em presença u'a multiplicidade de fatos congregados de modo a constituir, para repetir as expressões de Mario Bracci, uma unidade teleológica objetiva.[197]

Se o fato gerador consistir em um fato complexo ou, como o designamos na definição, em um conjunto de fatos, evidente é que a produção do efeito jurídico genetlíaco sobre a relação tributária somente se verificará quando estiverem integrados todos os seus elementos.

Daí dizer Antonio Berliri, com todo o acerto:

> 2) che la fattispecie comprende tutti e soli gli elementi necessari per la produzione di un dato effetto giuridico; con la dúplice conseguenza: a) che in difetto di un qualsiasi degli elementi che concorrono a formare la fattispecie, quell'effetto giuridico non si produce; b) che una distinzione fra i vari elementi della fattispecie in relazione alla causalità giuridica fra i singoli elementi e l'effetto giuridico non è possibile; 3) che due fattispecie diverse debbono contenere almeno un elemento diverso, che è appunto quello che qualifica la singola fattispecie in confronto di tutte le altre possibili fattispecie. Non è invece necessario che tutti gli elementi di una fattispecie siano diversi da quegli di un'altra; che anzi, come vedremo meglio in seguito, può darsi che una fattispecie più complessa o che gli effetti giuridici di una fattispecie concorrano a formare una distinta fattispecie.[198]

38. A "condicio juris" em Direito Tributário

Uma anotação final cumpre fazer sobre o tema do fato gerador complexo: trata-se do problema da *condicio juris* em Direito Tributário.

---

197. Cf. *Dell'Atto Complesso in Diritto Amministrativo,* obra reunida em volume juntamente com outra, que a precede, sob o título *La Proposta in Diritto Amministrativo,* reedição, Florença, Felice le Monier Ed., 1961, pp. 99 e segs.

198. Cf. *Principi*; cit., vol. II, tomo I, pp. 204 e 205.

Haverá obrigações tributárias condicionais? Por outras palavras, existirá em Direito Tributário uma condição, no sentido de *condicio facti*, modificando a eficácia do fato gerador?[199]

Seja como requisito de eficácia (*Wirksamkeitserfordernis*), seja como elemento constitutivo (*Tatbestandsstück*), a verdade é que a *condicio juris*, quando por lei estabelecida, será um elemento integrante do fato gerador, no sentido de que a obrigação tributária correspondente somente se considerará instaurada quando do seu implemento: como não se trata de condição no sentido verdadeiro ou de *condicio facti*, não há como cogitar de eficácia retroativa ou *ex tunc* – os efeitos sobre o nascimento da obrigação tributária produzem-se *ex nunc*. Portanto, se entre o momento em que se iniciar a formação do fato gerador e do implemento da *condicio juris* intercorrer uma alteração legislativa, o regime jurídico normativo da obrigação tributária será o vigente à data de seu nascimento, isto é, à data da verificação da *condicio juris*.[200]

---

199. Vide, ao respeito, o art. 116, n. II, do Código Tributário Nacional, que corresponde ao art. 83 do respectivo Projeto. (Nota do Atualizador).

200. Apesar de alguma divergência, a doutrina dominante é no sentido de considerar a *condicio juris* (também chamada de condição legal, imprópria, tácita, supérflua ou fictícia) como uma categoria *per se* e não como *species* de um *genus* mais *amplo*, que abrangeria também as *condiciones facti* (igualmente chamadas de condições voluntárias, verdadeiras ou próprias). Em verdade, *condiciones facti* e *juris* são categorias jurídicas essencialmente diferentes. Enquanto a *condicio facti* é um produto da vontade das partes, a *condicio juris* não tem conteúdo negocial, resultando objetivamente da própria lei. Daí dizer Domenico Barbero, *Contributo alla Teoria della Condizione*, 1937, Cedam, que elas se colocam em planos diversos "appunto l'una sul piano del 'fatto' l'altra sul piano della norma" (cf. p. 73), donde a conclusão: "il significato delle due espressioni è radicalmente, sostanzialmente, essenzialmente diverso, talchè ne resta annullata la possibilità della loro fusione in un *genus*" (cf. p. 73). Quanto à *condicio juris* como requisito legal de eficácia, cf. Barbero, op. cit., pp. 76 a 78; Giovanni Miele, *Principi di Diritto Amministrativo*, 1953, Giuffrè, vol. I, p. 113; quanto ao problema no Direito Tributário, cf. A. Berliri, *Principi di Diritto Tributario*, cit., vol. II, tomo I, p. 92 e, especialmente, a monografia de Euclide Antonini, "La Condizione nel Diritto Tributario", no volume *La Formulazione della Legge e le Categorie Giuridiche*, 1958, Giuffrè, pp. 54 e segs.

39. Fatos geradores instantâneos e complexivos

O aspecto que examinamos da simplicidade ou complexidade do fato gerador teve em vista apenas a estrutura deste, sem qualquer preocupação quanto ao problema da integração ou formação do fato gerador em relação ao tempo. No fato gerador complexo, pouco nos interessou saber se os elementos que o integram se configuram simultânea ou sucessivamente.

Há, entretanto, um segundo critério – o da ocorrência no tempo – para determinar o efeito genético do fato gerador sobre a obrigação tributária.[201]

Em verdade, a perfeita identificação da natureza do fato gerador, em cada caso, depende, além do mais, de uma consideração dos seus elementos integrantes ou constitutivos em relação ao tempo:

> Come, e forse piùche in altri campi, anche nel Diritto Tributario l'elemento temporale presenta particolare importanza sotto il duplice profilo del tempo in cui un atto o fatto viene compiuto – la sede temporale dell'atto o delfatto per usare una felice espressione del Carnelutti – e della durata, cioè del periodo di tempo durante il quale un fatto si compie, sia pure nella forma del permanere di una situazione.[202]

Ora, assim examinada a natureza do fato gerador do ponto de vista de sua ocorrência no tempo – *in sede temporale,* como dizem os italianos, ou *in zeitlicher Hinsicht,* na dicção dos especialistas germânicos –, duas categorias de situações se apresentam perfeitamente distintas: a dos fatos geradores instantâneos e a dos fatos geradores complexivos, completivos, continuativos, periódicos ou de formação sucessiva.[203]

---

201. Estudamos o tema em nosso *Direito Tributário Brasileiro,* cit., pp. 284 e segs. As considerações aí desenvolvidas são reproduzidas no texto *supra.*

202. Cf. Antonio Berliri, *Principi di Diritto Tributario,* cit., vol. II, tomo I, p. 235. Ver no mesmo sentido, A. D. Giannini, *Il Rapporto Giuridico d'Imposta,* p. 163, ou *I Concetti Fondamentali del Diritto Tributario,* cit., pp. 156 e segs.; Wilhelm Merk, *Steuerschuldrecht,* cit., p. 38.

203. Cf. Merk, op. cit., p. 45; A. D. Giannini, *I concetti,* cit., p. 176; Ezio Vanoni, *Elementi di Diritto Tributario,* op. e loc. cit., p. 302.

Instantâneos são os fatos geradores – "obrigações tributárias simples, no que respeita ao fato gerador", no dizer de Merk – que ocorrem num momento dado de tempo e que, cada vez que surgem, dão lugar a uma relação obrigacional tributária autônoma.[204] Exemplo: fato gerador *venda*, em relação ao imposto de vendas e consignações; o fato gerador *importação* (isto é, transposição de lindes, limites ou barreiras aduaneiras), em relação ao imposto de importação etc.

Complexivos ou periódicos (*fattispecie continuative*, segundo Vanoni) são os fatos geradores- "obrigações tributárias complexas, no que respeita ao fato gerador" – cujo ciclo de formação se completa dentro de um determinado período de tempo (*Zeitabschnitt, Steuerabschnitt, periodo d'imposta*) e que consistem num conjunto de fatos, circunstâncias ou acontecimentos globalmente considerados.[205] Exemplo: o fato gerador *renda* (isto é, o fluxo de riqueza que vem ter às mãos do seu destinatário e que importa num aumento de seu patrimônio, durante um período de tempo determinado), em relação ao imposto de renda (sistema de arrecadação mediante lançamento).

Essa distinção não tem valor meramente acadêmico. Pelo contrário, ela se destina a solucionar problemas práticos ou concretos de alta relevância jurídica.

---

204. Eis a definição de Merk, op. cit., p. 45: "Tatbestände, bei denen es sich um einen einzelnen Vorgang oder ein einzelnes bestimmtes Verhältnis handelt". Ou, traduzindo: "Fatos consistentes em um único procedimento ou em uma única relação determinada". A. D. Giannini (*I Concetti*, cit., p. 177), diz: "La caratteristica delle imposte instantanee è quella che *per ogni singolo avvenimento*, che ne forma il presupposto, *sorge una distinta ed unica obbligazione*, cosicchè la ripetizione del medesimo fatto dà origine ad una nuova obbligazione".

205. Define-os Merk, op. cit., p. 45: "Tatbestände, in denen das Gesetz, weil es sich um fortgesetzt sich wiederholende, gleichartige oder als gleichartig behandelte Vorgänge handelt, eine Mehrheit solcher Vorgänge während eines Zeitabschnitts für die Zwecke der Besteuerung zusammenfasst, oder bei denen das Gesetz voraussetzt, dass ein bestimmtes Verhältnis während eines Zeitabschnitts vorhanden ist, andauert". Ou, traduzindo: "Fatos, quanto aos quais a lei – por isso que se trata de procedimentos idênticos ou como tais considerados, procedimentos esses que se repetem continuadamente, engloba ou reúne um conjunto (Mehrheit) de procedimentos dessa espécie durante um período de tempo para o fim de tributação; ou fatos em relação aos quais a lei prevê que uma determinada relação se constitua durante um período de tempo".

Assim é que só por via daquelas considerações é possível determinar-se como ocorre a incidência ou, o que equivale a dizer o mesmo, em que momento nasce a obrigação tributária, se quando se realiza cada fato isolado (fato gerador instantâneo), ou quando se completa o ciclo de formação de um fato ou situação globalmente considerados (fato gerador complexivo).

Dentro dessa ordem de ideias é que será possível decidir, em direito intertemporal, se se está em presença ou não de um caso de aplicação retroativa da lei tributária.

É que, tratando-se de fatos instantâneos, a alíquota a aplicar será aquela legalmente prevista à data da realização de cada fato gerador. Se, inversamente, se estiver em presença de um fato gerador complexivo, ocorrendo majoração da alíquota durante o curso da formação do fato gerador, a alíquota a aplicar é a legalmente prevista na data em que se complete o respectivo ciclo de formação ou perfeição do fato (chamada hipótese de pseudorretroatividade). Foi por esse critério que se pôde, entre nós, cobrar imediatamente o imposto de lucros excessivos ou extraordinários (imposto adicional de renda, da Lei n. 2.862, de 4 de setembro de 1956).

40. Mais ainda, a circunstância de estar em presença uma ou outra das modalidades de fato gerador é decisiva para saber-se, em cada caso concreto, se um dado imposto é definível, ou não, como pertencente à categoria dos chamados impostos sobre atos e negócios jurídicos (Verkehrssteuern, dos alemães; imposte sugli affari, dos italianos).

Como tais se entendem os impostos cujo fato gerador é um ato ou um negócio jurídico (no sentido em que isso é possível, consoante explicamos no Capítulo III).

O imposto sobre vendas e consignações, por exemplo, era um imposto sobre atos jurídicos. O seu fato gerador era o fato instantâneo da venda ou da consignação, isoladamente consideradas. Cada vez que ocorria tal fato, cada vez que se praticava uma venda, surgia uma obrigação tributária autônoma, havia um débito independente de imposto.

É da essência ou da natureza dos impostos sobre atos jurídicos (o de vendas e consignações, *verbi gratia*) que a sua incidência ocorra sobre fatos instantâneos e jamais sobre fatos complexivos.[206-207]

Albert Hensel, estudando essa categoria de impostos, esclarece perfeitamente o tema:

> Per tutte le imposte sugli affari è caratteristico il fatto che ad ogni realizzazione di una fattispecie sorge un *nuovo* caso d'imposta. L'imposta sugli affari non agisce con complessi di fatti, ma con avvenimenti singoli. Fattispecie dell'imposta rimane tuttavia *singola fornitura,* il *singolo* contratto di assicurazione o di trasporto, non, per esempio, lo "scambio" di un intero anno.[208]

É exatamente esse o critério que se adota para distinguir hipóteses marginais.

Mencionaremos, em caráter ilustrativo, o problema, de que já se ocupou a jurisprudência pátria, da diferenciação do imposto sobre plus valias imobiliárias, entre nós chamado de

---

206. É o caso do ICMS que incide sobre operações jurídicas (atos jurídicos mercantis) que importam na circulação de mercadorias ou serviços, ou a provocam. (Nota do Atualizador).

207. Na temática do ICMS, vale destacar os debates acerca da legitimidade ou não da cobrança do referido imposto, na transferência de mercadorias entre matriz e filial, ainda que o STJ já tivesse "pacificado" a questão, por meio da Súmula 166. O fundamento jurídico baseava-se, então, na ausência de transferência de propriedade.
Em 2021, a Suprema Corte decidiu pela não incidência do ICMS sobre o deslocamento de mercadorias entre estabelecimentos do mesmo titular – ADC 49.
Em prol da segurança jurídica, contudo, ainda se fazia necessária a modulação dos efeitos, o que de fato ocorreu em abril de 2023. Nesta decisão, o Tribunal proibiu a cobrança do ICMS a partir do exercício financeiro de 2024; também determinou aos Estados o dever regulamentar o uso do crédito do ICMS em benefício daqueles que tivessem pagado, tendo prazo-limite até o fim do ano de 2023.
Vide termos da Súmula 166 do STJ: "Não constitui fato gerador do ICMS o simples deslocamento de mercadoria de um para outro estabelecimento do mesmo contribuinte".
Vide ADC 49 – Disponível em: https://encurtador.com.br/jGHI9 Acesso em: 05 set. 2023. (Tatiana Falcão)

208. Cf. A. Hensel, *Diritto Tributario,* trad. Italiana, 1956, p. 108.

imposto sobre lucros imobiliários (imposto de renda), em relação ao imposto de transmissão imobiliária *inter vivos*, o primeiro de competência federal (art. 153, n. II, da Constituição) e o último de competência municipal (art. 156, n. II).[209-210]

Sabe-se que o chamado imposto de lucros imobiliários incide sobre a diferença entre o valor de aquisição e o de venda do imóvel e é devido na venda deste (ou operações equiparadas), quando ocorrer a quitação do respectivo preço. Todavia, apesar de assim coincidir aproximadamente com o momento em que é devido o imposto municipal de sisa, sempre se reconheceu a constitucionalidade do imposto federal de lucros imobiliários, exatamente porque, enquanto o primeiro tem um fato gerador instantâneo e é, assim, classificável entre os impostos sobre atos jurídicos, o último tem um fato gerador complexivo, a renda, ou seja, incide sobre um valor global cujo ciclo de formação se inicia no momento da aquisição do imóvel[211-212] e só vai aperfeiçoar-se quando da alienação.[213]

---

209. O texto da 1ª edição se referia respectivamente, aos arts. 15, n. 4, e 29, n. III, da Constituição de 1946, este último com a redação dada pela Emenda Constitucional n. 5, de 21 de novembro de 1961. (Nota do Atualizador).

210. Atual ITBI – Imposto sobre Transmissão de Bens Imóveis. (Tatiana Falcão)

211. Ainda na temática dos imóveis, é de salutar importância verificar os termos da Súmula 626 do STJ: "A incidência do IPTU sobre imóvel situado em área considerada pela lei local como urbanizável ou de expansão urbana não está condicionada à existência dos melhoramentos elencados no art. 32, § 1º, do CTN". (Tatiana Falcão)

212. CTN: Art. 32 (...)
§ 1º Para os efeitos deste imposto, entende-se como zona urbana a definida em lei municipal; observado o requisito mínimo da existência de melhoramentos indicados em pelo menos 2 (dois) dos incisos seguintes, construídos ou mantidos pelo Poder Público:
I - meio-fio ou calçamento, com canalização de águas pluviais;
II - abastecimento de água;
III - sistema de esgotos sanitários;
IV - rede de iluminação pública, com ou sem posteamento para distribuição domiciliar;
V - escola primária ou posto de saúde a uma distância máxima de 3 (três) quilômetros do imóvel considerado. (Tatiana Falcão)

213. Cf. Hensel, op. cit., p. 11.

A jurisprudência brasileira, aliás, embora implicitamente, tem aplicado essa teoria do fato gerador complexivo em outras oportunidades.

Assim, ao se pronunciar sobre o imposto de indústrias e profissões[214-215] incidente sobre o volume global de vendas, consignações etc., ou seja, sobre o giro econômico ou comercial, duas posições surgiram em torno desse imposto: a) a dos que consideram que, incidindo sobre o volume global de vendas etc., ele é um imposto sobre a renda bruta e, como tal, inconstitucional, por invasão da competência federal para instituir imposto de renda e proventos de qualquer natureza; b) a dos que admitem que esse valor global, que constituiria elemento relevante para o cálculo do *quantum* a pagar, todavia não ensejaria confusão com o imposto federal de renda, dado que esse último incide sobre a renda líquida.

Ora, se não prevalecesse a discriminação dos dois tipos de fatos geradores (instantâneos e complexivos), então a colocação da matéria teria que ser bem diversa e se teria que chegar à conclusão de que, incidindo sobre um conjunto de vendas, o movimento de vendas, tal imposto se configuraria como um símile do de vendas e consignações.

41. Fatos geradores complementares ou acessórios

O fato gerador, como afirmamos e temos demonstrado, dá ensejo à instauração da obrigação tributária principal.

Nesse aspecto da causalidade jurídica, há que distinguir entre o fato gerador típico e o fato gerador complementar ou acessório.

---

214. O imposto de indústrias e profissões deu lugar, por ocasião da reforma tributária operada pela Emenda Constitucional nº 18, de 1º de dezembro de 1965, ao imposto sobre produtos industrializados (IPI). (Nota do Atualizador).

215. No que se refere à indústria, vale mencionar os termos da Súmula 640 do STJ: "O benefício fiscal que trata do Regime Especial de Reintegração de Valores Tributários para as Empresas Exportadoras (REINTEGRA) alcança as operações de venda de mercadorias de origem nacional para a Zona Franca de Manaus, para consumo, industrialização ou reexportação para o estrangeiro". (Tatiana Falcão)

Os conceitos estão ligados à diferenciação, mencionada por Rubino e A. Berliri[216] e, de alguma forma, amparada por M. S. Giannini,[217] entre elementos ou pressupostos relevantes para a produção do efeito jurídico e elementos ou pressupostos relevantes para a especialização ou especificação do efeito jurídico.

O fato gerador típico (*fattispecie tipica*) dá lugar ao surgimento da obrigação tributária; é o pressuposto relevante para a produção desse efeito jurídico.

Todavia, em algumas hipóteses, tal efeito variará ou se modificará, pela presença de um fato auxiliar ou subsidiário (*fatto aggiuntivo*), como pode ser o caso da destinação de bens em matéria de imposto de importação ou consumo, do emprego do rendimento em matéria de imposto de renda, da destinação de imóveis, edificados ou não, em matéria de impostos predial e territorial ou do imposto sobre o lucro obtido por pessoas físicas na alienação de propriedades imobiliárias etc.; é o que designamos como fato gerador complementar ou acessório. Ele, por si só, não dá lugar à obrigação tributária, para tanto sendo necessária a ocorrência do fato gerador típico; entretanto,

---

216. Cf. A. Berliri, *Principi*, cit., vol. II, tomo I, pp. 204 a 206; Domênico Rubino, op. cit., p. 63 e, especialmente, p. 64: "Alcuni (elementi, nossa é a ressalva) sono tali che, considerati isolatamente, cioè non in unione ad altri elementi niun riferimento danno per conoscere la individualità dell'effetto; essi si limitano ad essere necessari perchè si produca un effetto, che sia conosciuto in funzione di altri elementi. Questi ultimi, per converso, con la loro presenza indicano già di quale effetto si tratti, ma la produzione di tale effetto non ha luogo se non si realizzano anche tutti gli elementi del primo grupo. In questo senso diciamo che alcuni elementi sono rilevanti solo per la produzione dell'effetto, mentre altri elementi sono rilevanti anche per la specificazione (del contenuto) dell'effetto". Embora mais adiante, à p. 539, assinale que a distinção tem interesse maior em tema de negócio jurídico, Rubino não desconhece a sua aplicação no terreno dos fatos jurídicos e dos atos não negociais.

217. M. S. Giannini, *Lezioni*, cit., vol. 1º, p. 369, refere-se a *fatti aggiuntivi*, para designar fatos da espécie daqueles que denominamos no texto de complementares ou acessórios: "I fatti aggiuntivi operano modificando il contenuto di situazioni giuridiche, soggettive e oggettive, da qualsiasi altro tipo di fatto o atto siano statte prodotte. Essi, in altre parole, rafforzano o indeboliscono, arricchiscono o impoveriscono effetti giuridici prodotti da altri fatti. Sono quindi di numero o specie infinita, raramente tipizzata: tra quelle tipizzate si ricordano le "circostanze" del reato, i titoli di preferenza nei concorsi a impieghi, le destinazioni speciali delle cose ai fini dell'imposizione tributaria. Si tratta di argomenti ancora poco studianti".

a especialização do efeito jurídico mencionado – aplicação de alíquotas determinadas, de reduções[218-219] e mesmo de isenções tributárias etc. – depende de tais fatos acessórios.

42. Fato gerador e retroatividade

É de importância fundamental o aspecto que estudamos neste Capítulo.[220]

Sendo uma obrigação *ex lege* a relação jurídica tributária principal e ocorrendo o seu nascimento com o aparecimento concreto do fato gerador, marca este momento genetlíaco o regime jurídico por que se norteará a obrigação tributária.

Aplicável à sua regência será a legislação vigente em tal data. Assim, quanto à alíquota, à definição e dimensões da base de cálculo, quanto às isenções tributárias etc.[221] Vale dizer que qualquer modificação da relação substancial, decorrente de lei ulterior, não pode ser retroativamente aplicada em detrimento do contribuinte, sob pena de violar-se a disposição constitucional (art. 5º, n. XXXVI, da Constituição), que

218. Em virtude da pandemia da covid-19, o Brasil implementou o que chamou de "Redução temporária das alíquotas do Imposto de Importação para combate à covid-19". Foi elaborada uma lista de produtos, cuja finalidade era de incrementar a oferta de medicamentos, máquinas e insumos hospitalares e diminuir os custos do sistema de saúde. Disponível em: https://encurtador.com.br/ikpXY Acesso em: 01 set. 2023. (Tatiana Falcão)

219. Releva considerar que a Reforma Tributária (EC 132/2023), em seu art. 8º, focou a Cesta Básica de Alimentos, estabelecendo no seu *caput*, a necessidade de se observar a diversidade regional e cultural da alimentação no país, visar à "alimentação saudável e nutricionalmente adequada", atribuindo, à Lei Complementar, o meio idôneo para definir os produtos destinados a compor a Cesta Básica e sobre quais alíquotas serão reduzidas a zero. (Tatiana Falcão)

220. Daqui por diante serão estabelecidas consequências da noção de fato gerador. A matéria já se situa além do tema que constitui objeto do presente estudo. Por isso, as afirmações do texto serão feitas axiomaticamente, sem maiores demonstrações ou ilustrações.

221. A matéria é objeto dos arts. 105, 106 e 144 do Código Tributário Nacional. (Nota do Atualizador).

proíbe a retroatividade da lei em prejuízo do direito adquirido do ato jurídico perfeito e da coisa julgada.[222-223]

43. Sujeito passivo principal

Mas não só esse préstimo decorre da configuração do fato gerador.

Em verdade, ele afeiçoa, modela ou determina a relação tributária sob outros aspectos.

Assim é que a definição do sujeito passivo principal da obrigação tributária, que deve resultar de lei, nela pode estar implícita sob a simples menção do fato gerador e, pois, somente através deste ser identificável.

Em tal hipótese, a sujeição passiva direta ou principal se determinará pela natural e necessária atribuição do fato gerador, ou da relação econômica subjacente nele, a certo sujeito ou a certos sujeitos.

Enquanto os sujeitos passivos indiretos quer por transferência (sucessor e responsável tributário), ou por substituição (substituto legal tributário)[224] só podem resultar de disposição

---

222. Para uma discussão do problema, com a afirmação, aliás, de conclusões inadmissíveis em face do Direito Brasileiro, cf. Enrico Allorio, "Breve Trittico sulla Irretroattività delle Norme Tributarie" *in Studi in Onore di Achille Donato Giannini*, Giuffrè, 1961, pp. 27 e segs. O texto da 1ª edição se referia ao art. 141, § 3º, da Constituição de 1946.

223. O referido princípio da irretroatividade da lei encontra-se positivado no inciso XXXVI do art. 5º da CF/88, sendo, portanto, direito fundamental. (Tatiana Falcão)

224. Sobre o substituto legal tributário, cumpre recordar a tese, quase solitária e em geral não aceita, defendida por Enrico Allorio, *Diritto Processuale Tributario*, cit., p. 201, que declara ser sujeito passivo principal o substituto, por isso que diz ele "non vedere però una qualsiasi vitalità dell'obbligazione tributaria in rapporto al sostituito". Para a conclusão contrária, inteiramente dominante, cf. Benedetto Cocivera, "Il Sostituto d'Imposta", estudo escrito para os "Scritti in Onore del Prof. Guido Zanobini" e que se acha reproduzido na *Rivista di Diritto Finanziario e Scienza delle Finanze*, ano XVIII, 1959, vol. XVIII, parte I, pp. 327 a 358; A. D. Giannini, *I Concetti Fondamentali*, cit., pp. 255 e segs.; Amilcar de Araújo Falcão, *Introdução ao Direito Tributário*, cit., p. 111 etc. Vide, ao respeito, os arts. 121, parágrafo único, n. II, e 128 e seguintes do Código Tributário Nacional.

legal expressa, a configuração do sujeito passivo principal ou direto (contribuinte),[225-226] como dito, pode encontrar-se implícita na lei: o exame do fato gerador será decisivo para sua concreta definição.

44. Distinção dos tributos "in genere"

Em observações anteriores já examinamos a importância do fato gerador para estabelecerem-se quer os conceitos de incidência,[227] não incidência, inclusive imunidade, e isenção,[228] quer o conceito de evasão tributária em sentido estrito ou propriamente dito.[229] Outro tanto se disse quanto ao problema da interpretação da lei tributária.[230]

---

225. Depois de décadas sob o manto da ditadura, o constituinte da CF em vigor preocupou-se em tutelar o direito à informação. Não o fez apenas no âmbito do art. 5º (direitos fundamentais), mas também na seara tributária. Assim, ainda que de forma atécnica (usou o termo "medida" em vez de "lei"), determinou que o contribuinte (consumidor) fosse informado acerca da carga tributária incidente sobre mercadorias e serviços, conforme o que consta no § 5º do art. 150.
Art. 150. (...)
(...)
§ 5º A lei determinará medidas para que os consumidores sejam esclarecidos acerca dos impostos que incidam sobre mercadorias e serviços.
Contudo, foram necessárias mais de duas décadas para que finalmente emergisse, no nosso ordenamento, a Lei 12.741/2012, a qual tornou possível, por exemplo, a emissão de notas fiscais com detalhamento acerca do tipo e valor referente a cada espécie tributária englobada. Lei 12.741/2012 – Disponível em: https://encurtador.com.br/iDRS5 Acesso em: 07 set. 2023. (Tatiana Falcão)

226. No que se refere ainda à figura do contribuinte, vale mencionar que tramita, no Senado, Projeto de Lei que visa a instituir o Código de Defesa do Contribuinte – PLP 17/2022. Para acompanhamento do trâmite legislativo, vide: https://encurtador.com.br/abLS4 Acesso em: 30 ago. 2023. (Tatiana Falcão)

227. Quanto à incidência, matéria muito debatida deu-se quanto às verbas trabalhistas, especificamente, quanto às horas-extras. Nesse sentido, o STJ manifestou-se por meio da Súmula 463: "Incide imposto de renda sobre os valores percebidos a título de indenização por horas extraordinárias trabalhadas, ainda que decorrentes de acordo coletivo". (Tatiana Falcão)

228. Cf. n. 36.

229. Cf. n. 18.

230. Cf. n. 17 e 18.

A noção de fato gerador, porém, está prenhe de outras consequências igualmente importantes.

Constitui o dado fundamental para a distinção dos tributos tanto *in genere* (imposto, taxa e contribuição de melhoria), quanto *in specie* (cada espécie de imposto).

In genere, distinguem-se os tributos, com base na natureza do respectivo fato gerador:

> I- A contribuição de melhoria caracteriza-se por ter como fato gerador um aumento ou incremento de valor venal de propriedade imobiliária – uma valorização imobiliária, como se costuma dizer – decorrente de obra pública;[231-232]
>
> II- A taxa caracteriza-se pelo seu fato gerador, considerado seja objetivamente, seja subjetivamente ou pela sua atribuição ao sujeito passivo principal da obrigação tributária: *a)* objetivamente – o fato gerador é a utilização efetiva ou potencial de um serviço público divisível e mensurável; *b)* subjetivamente – o tributo somente há de ser devido por aqueles que efetiva ou potencialmente se utilizem do serviço divisível e mensurável de que se trate (as expressões divisível e mensurável *brevitatis causa* usadas no texto, em verdade referem-se à prestação do serviço, que pode ser de fato individualizada, e não propriamente ao serviço público, indivisível, genérico e impessoal por definição);[233-234]

---

231. Vide o art. 81 do Código Tributário Nacional, e o art. 1º do Decreto-lei n. 195, de 24.02.67. (Nota do Atualizador).

232. Exemplo clássico de contribuição de melhoria é a construção de estrada que acaba por valorizar as propriedades mais próximas; o fato gerador da contribuição de melhoria é a valorização do imóvel. (Tatiana Falcão)

233. Vide o art. 77 do Código Tributário Nacional. (Nota do Atualizador).

234. Exemplos de taxas: taxa de emissão da permissão para dirigir (Carteira Nacional de Habilitação - CNH); taxa de exame prático de direção.
Na temática da taxa, ainda, vale recordar o intenso debate que ocorreu acerca da iluminação pública, onde a Supre Corte decidiu, por meio da Súmula 670: "O serviço de iluminação pública não pode ser remunerado mediante taxa".
Exatamento no mesmo sentido, foi editada a Súmula vinculante 41: "O serviço de iluminação pública não pode ser remunerado mediante taxa".
Por fim, vale acrescentar que Reforma Tributária (EC 132/2023) alterou os termos do art. 149-A da CF/88, dispondo que os Municípios e o Distrito Federal poderão instituir "contribuição" para custeio, expansão e melhoria do serviço de iluminação pública. (Tatiana Falcão)

III- O imposto caracteriza-se por ter como fato gerador um fato da vida comum tomado como índice de capacidade econômica, de modo que, por isso mesmo, o tributo se destina ao custeio de serviços gerais da administração ou, pelo menos, não tem a sua cobrança condicionada à utilização do serviço público.[235-236-237-238]

45. Impostos "*in specie*": discriminação de rendas

Também *in specie* é com vistas ao fato gerador que se distinguem as diferentes categorias de impostos. É esse o único e só critério concludente na matéria.

A circunstância é decisiva, em direito positivo brasileiro, para o funcionamento do sistema constitucional de discriminação de rendas, que tem como aspecto básico, postos à margem os problemas das participações em produto de arrecadação de impostos de alheia competência e da transferência de impostos (arts. 157 a 159 da Constituição) – a outorga de

235. Vide o art. 16 do Código Tributário Nacional. (Nota do Atualizador).

236. Dentro da temática da oferta de serviços públicos, cabe mencionar a energia elétrica, disponibilizada por meio do instituito de direito administrativo denominado "concessão de serviço público".
O STJ manifestou-se a respeito por meio do Enunciado Sumular 391: "O ICMS incide sobre o valor da tarifa de energia elétrica correspondente à demanda de potência efetivamente utilizada".
Vale lembrar que a Reforma Tributária (EC 132/2023) refletiu sobremaneira no ICMS, sendo espécie tributária a ter sua cobrança unificada a partir de 2033, sendo "substituído" pelo IBS (Imposto sobre Bens e Serviços). (Tatiana Falcão)

237. Verifica-se que ainda vigorava a classificação tripartite das espécies tributárias. Necessário recordar que, na atualidade, é vigente a classificação quinquipartite, devendo a estas espécies serem acrescidos os: empréstimos compulsórios e as contribuições sociais e de intervenção no domínio econômico. (Tatiana Falcão)

238. No inciso II do art. 43 do CTN, observa-se a menção aos acréscimos patrimoniais, como um dos requisitos a integrar o fato gerador do IR. Nesse sentido, válido mencionar os termos da Súmula 590 do STJ, ímpar na clareza quanto à incidência do tributo: "Constitui acréscimo patrimonial a atrair a incidência do imposto de renda, em caso de liquidação de entidade de previdência privada, a quantia que couber a cada participante, por rateio do patrimônio, superior ao valor das respectivas contribuições à entidade em liquidação, devidamente atualizadas e corrigidas." (Tatiana Falcão)

competências privativas (arts. 153 a 156 da Constituição),[239] e de uma competência comum (arts. 145, n. I, II e III).[240]

Por via de consequência, com apoio na mesma noção se determinará o conceito de invasão de competência, em matéria de impostos privativos: haverá invasão de competência quando uma unidade federada (aí incluídos *brevitatis causa* os municípios) decretar imposto (qualquer que seja o seu *nomen juris*) que, pela natureza do seu fato gerador, se defina como de competência privativa de unidades de grau ou escalão diferente na nossa organização federativa.[241]

46. Impostos diretos e indiretos

A velha e surrada classificação dos impostos (de pouco préstimo científico, aliás, embora usada ainda nos textos internacionais)[242] em diretos e indiretos se revitaliza quando toma como ponto de referência, num desdobramento ou aplicação do critério de Foville, a natureza do fato gerador:

- no imposto direto, o fato gerador é um fato, estado de fato ou situação jurídica de caráter permanente, continuado ou, pelo menos, durável no tempo;
- no imposto indireto, o fato gerador é um fato, estado de fato ou situação jurídica de caráter intermitente, isolado no tempo ou instantâneo.[243]

---

239. Quanto às competências privativas para instituição de impostos, a CF/88 dispõe: arts. 153 e 154 (da União); art. 155 (Estados e Distrito Federal) e art. 156 (dos Municípios). (Tatiana Falcão)

240. O texto da 1ª edição se referia à Constituição de 1946. O atual, à de 1988, onde inexiste a figura da transferência de impostos, a que se referia o art. 29 da Constituição de 1946, com a redação da Emenda Constitucional n. 5, de 1961. (Nota do Atualizador).

241. Quanto à invasão de competência, a CF/88 determinou a Lei Complementar como a própria para dirimir os conflitos de competência tributária – art. 146, I. (Tatiana Falcão)

242. V., no entanto, o art. 166 do Código Tributário Nacional. (Nota do Atualizador).

243. Esse critério foi adotado pelo art. 30, n. I e II, do Anteprojeto de Código Tributário Nacional, elaborado pelo professor Rubens Gomes de Sousa, cf. *Trabalhos da*

47. Base de cálculo

Também o fato gerador é decisivo para a definição da base do cálculo do tributo, ou seja, daquela grandeza econômica ou numérica sobre a qual se aplica a alíquota para obter o *quantum* a pagar.

Essa base de cálculo tem de ser uma circunstância inerente ao fato gerador, de modo a afigurar-se como sua verdadeira e autêntica expressão econômica.

É certo que nem sempre há absoluta identidade entre uma e o outro. Dizem os escritores que tal simultaneidade ou identidade perfeita entre fato gerador e base de cálculo só é encontrada nos impostos sobre a renda e sobre o patrimônio.[244]

Não obstante, é indispensável configurar-se uma relação de pertinência ou inerência da base de cálculo ao fato gerador: tal inerência ou pertinência afere-se, como é óbvio, por este último.

De outro modo, a inadequação da base de cálculo pode representar uma distorção do fato gerador e, assim, desnaturar o tributo.[245-246-247]

Comissão Especial, cit., p. 272; cf. ainda Aliomar Baleeiro, *Uma Introdução,* cit., vol. 1º, p. 417. Tais disposições não têm correspondente no Código Tributário Nacional.

244. Cf. Fritz Neumark, *Theorie und Praxis der Modernen Einkommensbesteuerung,* A. Franke A. G., Verlag, Berna, 1947, p. 28: "Cabe, primeiramente, assinalar que no autêntico imposto sobre a renda, fato gerador (*Steuergegenstand*), base de cálculo (*Bemessungsgrundlage*) e fonte (*Quelle*) são idênticos. Esta particularidade é partilhada exclusivamente com o verdadeiro imposto sobre o patrimônio, o qual, no entanto, por sua natureza de medida extraordinária e temporária, não reveste a mesma importância prática que corresponde ao primeiro"; no mesmo sentido, cf. Dino Jarach, *Curso Superior,* cit., vol. II, p. 99.

245. Vide neste sentido, o art. 145, § 2º, da Constitituição de 1988, e o art. 77, parágrafo único, do Código Tributário Nacional. (Nota do Atualizador).

246. Nesse sentido de desnaturação do tributo, é imprescindível a leitura dos termos do § 2° do art. 145 da CF/88:
§ 2°. "As taxas não poderão ter base de cálculo própria de impostos" (Tatiana Falcão).

247. Vide Súmula 595 do STF: "É inconstitucional a taxa municipal de conservação de estradas de rodagem cuja base de cálculo seja idêntica à do imposto territorial rural". (Tatiana Falcão)

48. Tributos adicionais

Para concluir este Capítulo, resta fazer duas observações finais.

A primeira, relativa ao fato gerador dos chamados impostos, ou, em geral, tributos adicionais.

Em verdade, o seu fato gerador é o mesmo fato gerador do imposto principal, ao qual eles aderem ou se vinculam. A base de cálculo do imposto adicional pode ser, conforme a lei determine, ou o *quantum* pago a título de imposto principal ou outra grandeza numérica ou monetária.

Com essa observação, criticamos, por incorreta e inaceitável, a conceituação de imposto adicional, adotada pelo art. 24 do Projeto de Código Tributário Nacional,[248] quando declarava ser um dos fatos geradores possíveis dos impostos adicionais "o pagamento, pelo mesmo contribuinte, de outro imposto de competência da mesma pessoa jurídica de Direito Público interno".

A fixação por nós feita é muito importante, para a solução de problemas de Direito intertemporal. Assim, quando a lei instituidora do adicional for posterior à realização do fato gerador do imposto principal a que aquele adere e que é, pois, comum a ambos, dito adicional não poderá ser cobrado, porque a tanto equivaleria, *ex post facto,* tentar aplicar retroativamente alterações legais posteriores ao nascimento da própria relação obrigacional tributária.

A criação de um adicional, em última análise, representa uma forma especial de majoração do imposto principal a que ele se refere, através de indireta ampliação seja da respectiva alíquota, seja da correspondente da base de cálculo ou de ambas.

248. O Código Tributário Nacional, como já anotamos, não contém disposição correspondente à referida no texto. (Nota do Atualizador).

49. Penalidades pecuniárias

Por fim, cumpre esclarecer que a nossa orientação, em divergência com outros estudiosos e com a solução consagrada pelo Projeto de Código Tributário Nacional (arts. 80 e 82), foi no sentido de não estender o conceito de fato gerador ao campo das penalidades tributárias.

Assim procedemos, sobretudo, tendo em vista o acentuado aspecto econômico do fato gerador, no que diz respeito ao seu conteúdo ou à sua consistência material, circunstância que não ocorre com o pressuposto das penalidades tributárias.[249]

Demais disso, no estudo destas se identificam sanções de várias espécies, muitas das quais não consistem numa pena pecuniária (interdições etc.): a ampliação do conceito de fato gerador, assim sendo, se afiguraria inconveniente, porque introduziria uma diversidade de tratamento entre os casos em que sua aplicação fosse possível – os de sanções pecuniárias – e os demais, muitos dos quais se traduzem pela configuração dos estados de supremacia e de sujeição especial a que aludem Jellinek, Santi Romano, Rasponi, entre outros.

Por fim, o pressuposto das penalidades pecuniárias difere do fato gerador, por isso que naquelas é elemento essencial a voluntariedade da falta – por mais atenuada que no particular possa considerar-se a vontade do agente; ao contrário, no fato gerador, temos sempre um fato jurídico, de modo que nele a vontade humana (caso da "digressione" a que alude M. S. Giannini), quando existente, é tomada como elemento descritivo do fato e não como elemento negocial tendente à produção do efeito jurídico.

249. A crítica foi acatada, já que esta disposição não apareceu no Código Tributário Nacional. (Nota do Atualizador).

ÍNDICE ALFABÉTICO E REMISSIVO

A

B

C

D

E

F

G

H

I

J

L

M

N

O

P

R

S

T

V

ÍNDICE ONOMÁSTICO

A

B

C

D

E

F

G

H

I

J

K

L

M

N

P

Q

R

S

T

U

V

W

Y

Z